Push your Career Publish your Thesis

Science should be accessible to everybody. Share the knowledge, the ideas, and the passion about your research. Give your part of the infinite amount of scientific research possibilities a finite frame.

Publish your examination paper, diploma thesis, bachelor thesis, master thesis, dissertation, or habilitation treatises in form of a book.

A finite frame by infinite science.

Infinite Science
Publishing

An Imprint of
Infinite Science GmbH
MFC 1 | Technikzentrum Lübeck
BioMedTec Wissenschaftscampus
Maria-Goeppert-Straße 1
23562 Lübeck
book@infinite-science.de
www.infinite-science.de

Herausgeber

Alfred Mertins
Institute for Signal Processing
University of Lübeck
mertins@isip.uni-luebeck.de

Reihe: Medizinische Ingenieurwissenschaft und Biomedizintechnik

Diese Reihe umfasst Werke der Medizinischen Ingenieurwissenschaft und Biomedizintechnik, deren Themen strategisch unter den Zukunftstechnologien mit hohem Innovationspotenzial anzusiedeln sind. Als wesentliche Trends dieser Forschungsgebiete, sind die Schlüsselbereiche Computerisierung, Miniaturisierung und Molekularisierung zu nennen. Bei der Computerisierung sind dabei die inhaltlichen Schwerpunkte beispielsweise in der Bildgebung und Bildverarbeitung gegeben. Die Miniaturisierung spielt unter anderem bei intelligenten Implantaten, der minimalinvasiven Chirurgie aber auch bei der Entwicklung von neuen nanostrukturierten Materialien eine wichtige Rolle, und die Molekularisierung ist in der regenerativen Medizin aber auch im Rahmen der sogenannten molekularen Bildgebung ein entscheidender Aspekt. Forschungs- und Entwicklungspotenzial werden auch der Biophotonik und der minimal-invasiven Chirurgie unter Berücksichtigung der Robotik und Navigation zugeschrieben. Querschnittstechnologien wie die Mikrosystemtechnik, optische Technologien, Softwaresysteme und Wissenstechnologien sind dabei von hohem Interesse.

Patrick Bedei

Lernen spärlicher Repräsentationen für die verbesserte MPI-Rekonstruktion

Medizinische Ingenieurwissenschaft
und Biomedizintechnik — Band 17

Herausgeber: Alfred Mertins

Infinite Science
Publishing

© 2017 Infinite Science Publishing
        University Press and
        Academic Printig

Imprint of Infinite Science GmbH,
MFC 1 | BioMedTec Wissenschaftscampus
Maria-Goeppert-Straße 1
23562 Lübeck

Cover Design, Illustration: Uli Schmidts, metonym
Copy Editing: University of Lübeck, Institute for Signal Processing

Publisher: Infinite Science GmbH, Lübeck, www.infinite-science.de
Print: BoD, Norderstedt

ISBN Paperback: 978-3-945954-37-9

Bibliografische Information der Deutschen Nationalbibliothek:
Die Deutsche Nationalbibliothek verzeichnet diese Publikation in der Deutschen Nationalbibliografie; detaillierte bibliografische Daten sind im Internet über http://dnb.d-nb.de abrufbar.

Bibliographic information published by the Deutsche Nationalbibliothek
The Deutsche Nationalbibliothek lists this publication in the Deutsche Nationalbibliografie; detailed bibliographic data are available in the internet at http://dnb.d-nb.de.

Kurzbeschreibung

Die Magnetpartikelbildgebung ist ein bildgebendes Verfahren, das die Konzentration superparamagnetischen Materials in einem Volumen quantitativ darstellt. Aktuell wird das Bild aus der gemessenen, verrauschten Spannung mittels iterativer Methoden rekonstruiert. Diese bieten durch Regularisierung die Möglichkeit, das Rauschen zu verringern. Das geschieht auf Kosten der Auflösung der Bilder. In dieser Arbeit wird die MPI-Rekonstruktion um einen zusätzlichen Entrauschungsschritt erweitert. Dafür wird das Bild zunächst mit dem Kaczmarz-Algorithmus rekonstruiert. Auf das Bild wird eine für MPI angepasste Variante eines mit spärlichen Repräsentationen arbeitenden Entrauschungsalgorithmus (expected patch log likelihood mit spärlichem Prior) angewendet. Die Simulation einer MPI-Rekonstruktion zeigt, dass die Bilder aus der Kaczmarz-Rekonstruktion mit der vorgestellten Methode verbessert werden können. Als beste Wahl erwies sich ein auf Beispielen gelerntes Wörterbuch, das über die Iterationen konstant gehalten wird. Der Algorithmus zeigt ein stabiles Verhalten und ist robust gegenüber verschiedenen Rauschniveaus.

Abstract

Magnetic Particle Imaging is an imaging method that quantitavely visualizes the concentration of superparamagnetic material in a volume. Currently, iterative solvers are used to reconstruct the image from the noisy measured voltage. Within these methods, regularization may be used to reduce noise, leading to images with lower resolution. In this work, a denoising step is added to the MPI reconstruction. First, an initial image is reconstructed using the Kaczmarz method. The denoising of the image is done by a method that uses a sparsity-enforcing prior and maximizes the Expected Patch Log Likelihood. This method is adapted to MPI in this work. In a simulated MPI reconstruction, it is shown that the proposed mathod may be used to denoise images reconstructed with the Kaczmarz method. Here, the best choice seems to be a fixed dictionary that is learned on examples. The algorithm provides stable solutions and also exhibits stability against different noise levels.

Inhaltsverzeichnis

1 Einleitung

Die Magnetpartikelbildgebung (*Magnetic Particle Imaging*, MPI) wurde im Jahre 2005 erstmals vorgestellt [6] und ist damit ein noch relativ junges bildgebendes Verfahren. Es basiert auf der Detektion von superparamagnetischen Nanopartikeln in einem Volumen. Obwohl noch nicht in der klinischen Praxis angelangt, besitzt das Verfahren einige Eigenschaften, die es für eine Anwendung in diesem Bereich interessant machen. In einem MPI-Bild sind die Grauwerte der Voxel proportional zur Konzentration des magnetischen Materials in ihnen. Es handelt sich demnach um eine quantitative Methode. Zudem verspricht das Verfahren auch in einem für Menschen geeigneten Aufbau eine schnelle Akquisitionszeit sowie hohe Sensitivität und räumliche Auflösung [18]. Da das magnetische Material in den Patienten injiziert wird, eignet es sich unter anderem zur Darstellung von Blutgefäßen.

Die aus Eisenoxid bestehenden Nanopartikel weisen ein besonderes, nichtlineares Magnetisierungsverhalten auf. Zur Detektion werden zwei Magnetfelder benötigt. Ein dynamisches Anregungsfeld bewirkt eine Änderung der Magnetisierung, die mittels einer Empfangsspule als Spannung gemessen werden kann. Das statische Selektionsfeld erzeugt einen feldfreien Punkt und dient der Ortskodierung. Das Abtasten von Volumina wird durch Bewegen des feldfreien Punkts bewirkt, wodurch eine Rekonstruktion von Schicht- oder dreidimensionalen Bildern möglich wird. Die Bewegung des feldfreien Punktes wird durch weitere, sich zeitlich ändernde Magnetfelder erreicht.

Die Bildrekonstruktion läuft auf die Lösung eines linearen Gleichungssystems hinaus. Die gemessene Spannung kann dabei als Produkt einer Systemmatrix mit dem gesuchten Konzentrationsvektor angesehen werden. Die Systemmatrix beschreibt das bildgebende System und der Konzentrationsvektor enthält Werte, die der Konzentration der Magnetpartikel in einem Volumen entsprechen. Dieses Gleichungssystem kann jedoch nicht einfach gelöst werden, da die gemessene Spannung verrauscht ist. Das Rauschen stammt dabei aus mehreren Quellen. Zum einen entsteht Rauschen in Form von thermischem Rauschen im Vorverstärker und der Empfangsspule. Zum anderen sorgen Wirbelströme im Patienten für eine weitere Störung des Messsignals. Daher werden zur Rekonstruktion oft iterative Verfahren wie der Kaczmarz-Algorithmus eingesetzt, die eine Lösung im Sinne des kleinsten Quadrats mit zusätzlicher Regularisierung finden. [7]

Während die Regularisierung eine Möglichkeit bietet, das Rauschen im Bild zu reduzieren, so wird das Bild dabei auch unschärfer und erzielt nicht die maximal mögliche räumliche Auflösung. Es stellt sich daher die Frage, ob die Rekonstruktion verbessert werden kann, indem sie um einen Schritt zur Bildentrauschung erweitert wird. Bei der Auswahl eines Algorithmus zur Bildentrauschung sind dabei mehrere Anforderungen zu beachten. Zum einen sollte er in bisherigen Experimenten gute Ergebnisse von der Bildqualität und dem optischen Eindruck her aufzuweisen haben, da das Ziel eine maximal mögliche Entrauschung des Bildes ist. Zum anderen sollte der Entrauschungsschritt im Rahmen der Möglichkeiten nicht zu aufwendig sein, um den genannten Vorteil der schnellen Bildgebung nicht zunichte zu machen, auch wenn der Fokus dieser Arbeit klar auf der Bildqualität liegt. Eine dritte Anforderung, die auch mit dem Entrauschungspotential zusammenhängt, ist, dass der Entrauschungsschritt auf das inverse Problem in MPI zugeschnitten ist oder darauf angepasst werden kann.

Ein Ansatz in der Bildentrauschung besteht in der spärlichen Repräsentation von Bildausschnitten durch ein Wörterbuch. Dabei wird angenommen, dass ein nicht verrauschter Bildausschnitt durch das Produkt eines Wörterbuchs mit einem spärlichen Vektor dargestellt werden kann. Tatächlich basieren führende Methoden zur Bildentrauschung auf diesem Ansatz [3, 8, 15]. Einer der einfacheren Algorithmen aus dieser Familie ist [15]. Hierbei werden zunächst alle überlappenden Bildausschnitte anhand ihrer spärlichen Repräsentationen entrauscht. Anschließend wird aus den entrauschten Bildausschnitten eine neue Schätzung für das Gesamtbild berechnet. Der Prozess wird für fallende Werte bezüglich des erlaubten Repräsentationsfehlers iteriert.

In dieser Arbeit soll am Beispiel der Methode aus [15] untersucht werden, ob das Lernen spärlicher Repräsentationen zum Einsatz in der MPI-Rekonstruktion geeignet ist. Dafür wird zunächst eine auf dieses Problem angepasste Variante des Algorithmus entwickelt, da in der ursprünglichen Formulierung eine Veränderung des zu messenden Bildes durch ein bildgebendes System wie in MPI nicht vorgesehen ist. Um die mögliche Eignung der Methode festzustellen, soll zudem die Simulation einer MPI-Rekonstruktion mit einer verrauschten Messung durchgeführt werden. Da die Ergebnisse der ursprünglichen Methode zur Entrauschung auf mit weißem gaußschen Rauschen versehenen Bildern erzeugt wurden, sollen auch verschiedene Varianten des Algorithmus miteinander verglichen werden. Das betrifft die Wahl des Wörterbuchs und des erlaubten Repräsentationsfehlers in jeder Iteration.

Kapitel 2 beschriebt das Verfahren der Magnetpartikelbildgebung und stellt die verwendeten Methoden und Konzepte der Bildentrauschung vor. In Kapitel 3 wird die auf MPI angepasste Entrauschungsmethode entwickelt und Einzelheiten zur Implementierung werden eingeführt. Darüber hinaus stellt das Kapitel die verwendeten Wörterbücher und die zur Auswertung der Rekonstruktionsergebnisse verwendeten Methoden vor. In Kapitel 4 werden die Ergebnisse der Rekonstruktion gezeigt und diskutiert. Dabei wird zunächst der Kaczmarz-Algorithmus betrachtet. Anschließend werden die Ergebnisse des in dieser Arbeit entwickelten Algorithmus vorgestellt. Verschiedene Möglichkeiten zur Wahl des Schwellwerts und des Wörterbuchs werden evaluiert. Außerdem werden mehrere Testbilder rekonstruiert und das Verhalten bei unterschiedlichen Rauschleveln untersucht. Kapitel 5 fasst die vorliegende Arbeit zusammen und zeigt Aspekte auf, die in anknüpfenden Arbeiten untersucht werden könnten.

2 Materialien und Methoden

Dieses Kapitel stellt die für diese Arbeit relevanten Grundlagen und die verwendeten Methoden vor. Es gliedert sich dabei in zwei große Unterkapitel. In Unterkapitel 2.1 wird die Methode der Bildgebung, deren Bilder in dieser Arbeit verbessert werden sollen, beschrieben. Dabei handelt es sich um die Magnetpartikelbildgebung. Die Bildentstehung und -rekonstruktion stehen im Fokus. Das zweite große Unterkapitel 2.2 widmet sich der Entrauschung von mit additivem weißen Rauschen versehenen Bildern. Die wichtigen Konzepte sind hierbei die Entrauschung von Bildausschnitten mittels spärlicher Repräsentation und die Rekonstruktion des Gesamtbildes anhand der entrauschten Bildausschnitte mit dem Konzept der expected patch log likelihood. Später in dieser Arbeit werden die in den beiden Unterkapiteln beschriebenen Methoden verwendet, um eine Methode zur Verbesserung der rekonstruierten MPI-Bilder zu entwickeln.

2.1 Magnetic Particle Imaging

In diesem Unterkapitel werden die Grundlagen des MPI beschrieben, die Darstellung folgt dabei [7].

MPI ist ein bildgebendes Verfahren, das auf der Visualisierung der räumlichen Verteilung von paramagnetischen Nanopartikeln beruht. Für die Messung werden Magnetfelder verwendet und so kommt MPI wie die Magnetresonanztomographie (MRT) ohne ionisierende Strahlung aus. Außerdem ist es eine quantitative Methode, wobei die Konzentration der Partikel die Messgröße ist.

Zunächst sollen einige für die Bildgebung wichtige physikalische Grundlagen der Magnetpartikel in Abschnitt 2.1.1 beschrieben werden, bevor die Entstehung und Eigenschaften des gemessenen Signals in Abschnitt 2.1.2 erläutert werden. Abschnitt 2.1.3 beschäftigt sich mit der Frage, wie dem gemessenen Signal ein

Punkt im Raum zugeordnet kann. Zur Erzeugung eines Bildes müssen größere Volumina bei der Messung abgetastet werden. Wie das geschehen kann, ist in Abschnitt 2.1.4 dargestellt. Abschließend wird in Abschnitt 2.1.5 das Problem der Bildrekonstruktion behandelt. Als Beispiel eines Algorithmus zur Rekonstruktion wird der in der Arbeit verwendete Kaczmarz-Algorithmus vorgestellt.

2.1.1 Magnetische Eigenschaften der Partikel

Das Ziel bei MPI in der medizinischen Bildgebung ist es, die Konzentration des in den menschlichen Körper injizierten magnetischen Materials sichtbar zu machen. Dafür können beispielsweise Eisenoxid-Partikel, umhüllt von magnetisch neutralem Material, verwendet werden. Bei einer Größe der Partikel im Nanometerbereich und einer geeigneten Dicke der Umhüllung, verhalten sich die Teilchen superparamagnetisch. Das bedeutet, dass sich jeder Partikel wie ein Paramagnet verhält, da Wechselwirkungen zwischen den Teilchen aufgrund der Umhüllung vernachlässigbar sind. Im thermischen Gleichgewicht kann das superparamagnetische Verhalten der Teilchen durch die Langevin Theorie beschrieben werden. Die Annahme des thermischen Gleichgewichts ist nur bei Anlegen eines statischen Magnetfeldes gültig. Das paramagnetische Verhalten der Teilchen besagt, dass sie ihre Magnetisierung ohne äußeres Feld wieder verlieren und so müssen bei sich zeitlich ändernden, äußeren Magnetfeldern Relaxationsprozesse berücksichtigt werden.

Aufgrund der geringen Größe der Partikel werden bei MPI nicht einzelne Partikel, sondern die Konzentration der Partikel gemessen. Die Konzentration ergibt sich dabei aus der Anzahl N^P der Partikel in einem Volumen ΔV:

$$c = \frac{N^P}{\Delta V} .\tag{2.1}$$

Bezeichne m_j das magnetische Moment des j-ten Partikels in dem Volumen ΔV. Die Magnetisierung M bezeichnet die Dichte der Summe aller magnetischen Momente der Partikel, die sich in diesem Volumen befinden:

$$M = \frac{1}{\Delta V} \sum_{j=1}^{N^P} m_j .\tag{2.2}$$

Durch Einsetzen von Gleichung (2.1) in Gleichung (2.2) zeigt sich eine lineare

Abhängigkeit der Magnetisierung von der Konzentration:

$$\boldsymbol{M} = c\overline{\boldsymbol{m}}, \tag{2.3}$$

wobei $\overline{m}$ das mittlere magnetische Moment ist, welches als

$$\overline{\boldsymbol{m}} = \frac{1}{N^P} \sum_{j=0}^{N^P - 1} \boldsymbol{m}_j \tag{2.4}$$

definiert ist. Die Magnetisierung ist ohne Einfluss eines äußeren magnetischen Feldes gleich null, weil die magnetischen Momente der Teilchen aufgrund der Brownschen Bewegung in zufällige Richtungen zeigen. Das ändert sich, wenn die Teilchen einem Feld $\boldsymbol{H}$ ausgesetzt sind, sodass eine Magnetisierung in Richtung des äußeren Feldes entsteht. Bezeichnen $M = \|\boldsymbol{M}\|_2$ und $H = \|\boldsymbol{H}\|_2$ jeweils die euklidische Norm des Magnetisierungs- und des Feldvektors, lässt sich die Magnetisierung als

$$\boldsymbol{M}(H) = M(H) \cdot \boldsymbol{e}_H \tag{2.5}$$

schreiben, mit dem Einheitsvektor $\boldsymbol{e}_H$ in Richtung von $\boldsymbol{H}$. Die Länge des Magnetisierungsvektors kann durch

$$M(H) = cm\mathcal{L}(\beta H) \tag{2.6}$$

beschrieben werden. Dabei bezeichnet $m = \|\boldsymbol{m}\|_2$ die Norm des magnetischen Moments eines Partikels und der Faktor

$$\beta = \frac{\mu_0 m}{k_B T^P} \tag{2.7}$$

enthält zusätzlich die Boltzmann-Konstante k_B, die Temperatur der Teilchen T^P und die magnetische Feldkonstante μ_0. Die Funktion $\mathcal{L}(\cdot)$ in Gleichung (2.6) ist die Langevin Funktion

$$\mathcal{L}(\xi) = \begin{cases} \left(\coth(\xi) - \frac{1}{\xi}\right) & \xi \neq 0 \\ 0 & \xi = 0 \end{cases} \tag{2.8}$$

und beschreibt das Magnetisierungsverhalten der Partikel. Dieses weist einen steilen Anstieg in einem schmalen Bereich um $H = 0$ herum auf, während der Anstieg bei höheren Werten abflacht und so eine Sättigung erreicht wird. In diesem Bereich kann keine Erhöhung der Magnetisierung durch eine größere Feldstärke erreicht werden, da sich die Mehrheit der Teilchen bereits in Richtung des angelegten Felds ausgerichtet hat. Die Sättigungsmagnetisierung beträgt dabei

$$M^S = cm \qquad (2.9)$$

und wird bei der Feldstärke

$$H^S = \frac{\xi^2}{\beta} = \frac{5k_B T^P}{\mu_0 m} \qquad (2.10)$$

erreicht.

Wie bereits erwähnt, sind die vorgestellten Zusammenhänge nur bei Anlegen eines statischen Magnetfelds zulässig. Bei MPI werden hingegen zeitlich veränderliche Magnetfelder verwendet, sodass Relaxationsprozesse eine Rolle spielen. Wenn sich das angelegte Magnetfeld langsam genug ändert, das heißt dessen Frequenz niedrig genug ist, sind diese jedoch vernachlässigbar und die Zusammenhänge näherungsweise gültig. Im Folgenden soll daher angenommen werden, dass dies der Fall ist.

2.1.2 Das Messsignal

Bei MPI werden Änderungen der Magnetisierung gemessen. Die Änderung der Magnetisierung wird durch Applikation eines sich zeitlich änderndes Magnetfeldes mittels sogenannter Sendespulen erzeugt und in den Empfangsspulen gemessen. Genauer gesagt messen die Empfangsspulen die magnetische Flussdichte

$$B = \mu_0(H + M). \qquad (2.11)$$

Nach dem Induktionsgesetz

$$\nabla \times E = -\frac{\partial B}{\partial t} \qquad (2.12)$$

erzeugt eine Änderung der magnetischen Flussdichte ein elektrisches Feld, dessen Feldlinien konzentrische Trajektorien um die Achse der Flussdichte darstellen. Letztlich wird an der Empfangsspule eine Spannung $u(t)$ gemessen. Das Induktionsgesetz kann auch als

$$\oint_{\partial S} \boldsymbol{E}(\boldsymbol{l}) \cdot \mathrm{d}\boldsymbol{l} = -\frac{\mathrm{d}}{\mathrm{d}t} \Phi^{\boldsymbol{B}_s} \tag{2.13}$$

geschrieben werden. Dabei ist $\Phi^{\boldsymbol{B}_s}$ der magnetische Fluss durch eine Oberfläche S:

$$\Phi^{\boldsymbol{B}_s} = \int_S \boldsymbol{B}(\boldsymbol{r}) \cdot \mathrm{d}\boldsymbol{A} \,. \tag{2.14}$$

Die magnetische Flussdichte an einem Punkt $\boldsymbol{r} = (r_x; r_y; r_z)$ ist als $\boldsymbol{B}(\boldsymbol{r})$ bezeichnet. Der infinitesimale Vektor $\mathrm{d}\boldsymbol{A}$ steht orthogonal zur Oberfläche S und hat die Länge eines infinitesimalen Ausschnitts der Oberfläche. Die erzeugte Spannung an den Endpunkten der Empfangsspule, zur Vereinfachung hier einer Leiterschleife, kann damit auch als Integral des elektrischen Feldes entlang des Leiters geschrieben werden:

$$u(t) = \oint_{\partial S} \boldsymbol{E}(\boldsymbol{l}, t) \cdot \mathrm{d}\boldsymbol{l} \,. \tag{2.15}$$

Aus den Gleichungen (2.13) und (2.14) lässt sich erkennen, dass die Spannung das Integral der magnetischen Flussdichte über die Fläche der Leiterschleife ist:

$$u(t) = -\frac{\mathrm{d}}{\mathrm{d}t} \Phi^{\boldsymbol{B}_s}(t) = -\frac{\mathrm{d}}{\mathrm{d}t} \int_S \boldsymbol{B}(\boldsymbol{r}) \cdot \mathrm{d}\boldsymbol{A} \,. \tag{2.16}$$

Die von den Partikeln induzierte Spannung kann als Integral über die Region Ω, in der sich die Teilchen befinden, geschrieben werden:

$$u^P(t) = -\mu_0 \frac{\mathrm{d}}{\mathrm{d}t} \int_\Omega \boldsymbol{p}^E(\boldsymbol{r}) \cdot \boldsymbol{M}(\boldsymbol{r}, t) \mathrm{d}^3 r \tag{2.17}$$

$$= -\mu_0 \int_\Omega \boldsymbol{p}^E(\boldsymbol{r}) \cdot \frac{\partial \boldsymbol{M}(\boldsymbol{r}, t)}{\partial t} \mathrm{d}^3 r \,. \tag{2.18}$$

Die Region Ω ist somit gleichbedeutend mit dem darzustellenden Objekt, sofern sie sich im Field of View des MPI-Scanners befindet. Dabei ist $\boldsymbol{p}^E(\boldsymbol{r})$ die Sensitivität der Empfangsspule, welche als

$$\boldsymbol{p}^E(\boldsymbol{r}) = \frac{\boldsymbol{H}^E(\boldsymbol{r})}{I^E} \tag{2.19}$$

definiert ist. Sie stellt eine Beziehung zwischen dem Magnetfeld $\boldsymbol{H}^E$ am Ort $\boldsymbol{r}$ und dem Strom I^E in der Empfangsspule her. Jedoch wird nicht nur durch die Partikel ein Signal generiert, sondern auch durch das dynamische Anregungsfeld:

$$u^A(t) = -\mu_0 \frac{\mathrm{d}}{\mathrm{d}t} \int_{\partial S} \boldsymbol{H}(\boldsymbol{r}, t) \cdot \mathrm{d}\boldsymbol{A}. \tag{2.20}$$

Insgesamt stellt das Messsignal demnach eine Überlagerung der Spannungen aus Gleichung (2.17) und (2.20) dar. Für die Berechnung der Partikelkonzentration ist es notwendig, das Signal $u^P(t)$ der Partikel aus dieser Überlagerung

$$u(t) = u^P(t) + u^A(t) \tag{2.21}$$

zu extrahieren. Das Partikelsignal ist dabei typischerweise mehr als 10^6 mal kleiner als das Anregungssignal und die Genauigkeit bei der Digitalisierung des Signals ist begrenzt. Daher gelingt der einfache Ansatz nicht, bei dem in einer Leermessung die Spannung $u^A(t)$ bestimmt und anschließend vom Gesamtsignal aus Gleichung (2.21) abgezogen wird. Stattdessen wird das Anregungssignal so gewählt, dass es vor der Digitalisierung aus dem Messsignal mit einem analogen Filter herausgefiltert werden kann. Das Anregungssignal variiert mit der Zeit und ist meist räumlich homogen im darzustellenden Volumen, dem Volume of Interest (VOI). Darüber hinaus sollte es eine sehr geringe Bandbreite aufweisen, um die Filterung zu ermöglichen. Das kann durch ein sinusförmiges Feld der Form

$$H^A(t) = -H_0^A \cos(2\pi f^A t), \tag{2.22}$$

mit der Amplitude H_0^A und der Frequenz f^A, erreicht werden. Die Repetitionszeit T^R lautet

$$T^R = \frac{1}{f^A}. \tag{2.23}$$

Ein solches Anregungsfeld hat während einer durch den in Gleichung (2.6) beschriebenen Zusammenhang einen beinahe rechteckförmigen zeitlichen Verlauf der Magnetisierung der Partikel innerhalb einer Repetitionszeit zur Folge. Je mehr die Magnetisierungskurve einer Sprungfunktion ähnelt desto stärker ausgeprägt ist diese Rechteckform und damit der Unterschied zwischen Anregungsfeld und Partikelsignal, was wünschenswert für die Bildgebung ist. Das Partikelsignal besteht dabei im Zeitbereich aus zwei schmalen Peaks. Diese treten an den Zeitpunkten auf, an denen sich die Magnetisierung schnell ändert.

Eine Betrachtung der induzierten Signale im Frequenzbereich verdeutlicht die

Unterschiede zwischen den beiden. Das Anregungssignal und somit auch das indu-zierte Signal sind periodisch. Somit kann die Fourier-Reihe des induzierten Signals gebildet werden. Diese ist als

$$u(t) = \sum_{k=-\infty}^{\infty} \hat{u}_k e^{-2\pi i f_k t} \tag{2.24}$$

gegeben, mit den Harmonischen $f_k = k f^A$ mit $k \in \mathbb{Z}$. Die Fourierkoeffizienten lauten

$$\hat{u}_k = \frac{1}{T^R} \int_0^{T^R} u(t) e^{2\pi i f_k t} \mathrm{d}t\,, \quad \text{mit } k \in \mathbb{Z}. \tag{2.25}$$

Die induzierte Spannung nimmt ausschließlich reelle Werte an. Aus Gleichung (2.25) kann man erkennen, dass in diesem Fall die konjugierte Symmetrie $\hat{u}_k = \hat{u}_{-k}^*$ gilt. Daher reicht es aus, lediglich die positiven Frequenzen zu betrachten.

Bei der Wahl eines Anregungssignals wie in Gleichung (2.22) enthält dieses mit f^A lediglich eine Frequenz. Wird von diesem Signal die Fourier-Reihe gebildet, besteht das Spektrum im positiven Bereich aus einem einzigen Peak an dieser Frequenz. Das kann für die Unterscheidung der Signale genutzt werden. Für das Partikelsi-gnal kann gezeigt werden, dass sein Spektrum aus Peaks an der Grundfrequenz sowie an allen ungeraden höheren Harmonischen besteht. Für die Bildgebung bzw. die Isolierung des Partikelsignals werden daher nur die höheren Harmonischen betrachtet. Eine quantitative Messung kann durch Ablesen der Amplitude einer bestimmten Harmonischen geschehen. Dazu wird deren Wert mit einem aus einer Kalibriermessung mit einer bekannten Menge an magnetischem Material gewonne-nen Wert verglichen. Das Verhältnis dieser beiden Werte ist proportional zur Menge an Material in der aktuellen Messung.

2.1.3 Räumliche Kodierung

Für die Ortskodierung, also um die Menge des magnetischen Materials an einem bestimmten Ort zu bestimmen, ist ein weiteres Magnetfeld, das statische Selektions-feld, nötig. Dieses Feld ist deutlich stärker als das Anregungsfeld. In der Mitte des Feldes befindet sich ein kleiner feldfreier Punkt (FFP), an dem die Feldstärke gleich Null ist, und es weist einen steilen Anstieg zum Rand des Feldes auf. Dadurch befinden sich die Partikel bei Überlagerung mit dem Anregungsfeld fast überall im Sättigungsbereich der Magnetisierungskurve. Lediglich in einem schmalen Bereich um den FFP herum befinden sie sich im dynamischen Bereich und so ändert sich hier die Magnetisierung der Partikel durch das Anregungsfeld. Daher induzieren nur Partikel in diesem Bereich ein messbares Signal in der Empfangsspule. Um die zweite Maxwellsche Gleichung

$$\nabla \boldsymbol{H} = \frac{\partial H_x}{\partial x} + \frac{\partial H_y}{\partial y} + \frac{\partial H_z}{\partial z} = 0 \qquad (2.26)$$

zu erfüllen, muss der Betrag des Gradienten in mindestens einer Raumrichtung verschieden von den anderen beiden sein. Eine mögliche Wahl, die Gleichung (2.26) erfüllt, ist durch

$$\frac{\partial H_y}{\partial y} = -2\frac{\partial H_x}{\partial x} = -2\frac{\partial H_z}{\partial z} = 0 \qquad (2.27)$$

gegeben. Mit den Definitionen $G_x := \frac{\partial H_x}{\partial x}$, $G_y := \frac{\partial H_y}{\partial y}$ sowie $G_z := \frac{\partial H_z}{\partial z}$ und der Gradientenmatrix

$$\boldsymbol{G} := \begin{pmatrix} G_x & 0 & 0 \\ 0 & G_y & 0 \\ 0 & 0 & G_z \end{pmatrix} \qquad (2.28)$$

kann das Selektionsfeld an einem Ort $\boldsymbol{r} = (r_x; r_y; r_z)$ in Matrixform als

$$\boldsymbol{H}^S(\boldsymbol{r}) = \boldsymbol{G}\boldsymbol{r} \qquad (2.29)$$

beschrieben werden.

2.1.4 Abtasten von Volumina

Bei passender Wahl der Amplitude des Anregungsfeldes bewegt sich der FFP während einer Anregungsperiode lediglich innerhalb eines Voxels. Eine Variante zur Darstellung mehrerer Voxel besteht daher darin, die Voxel einzeln unter Verschieben des Objektes nach jeder Anregungsperiode zu messen. Diese Methode ist allerdings sehr langsam. Eine schnellere Variante der Bildgebung ergibt sich durch Verschieben des FFPs über mehrere Voxel während einer Anregungsperiode. Diese Bewegung kann durch ein weiteres räumlich homogenes Magnetfeld, das sogenannte Drive-Feld, erreicht werden. Dieses sich zeitlich ändernde Feld wird mit $\boldsymbol{H}^D(t)$ bezeichnet. Bei Wahl des Anregungsfeldes mit einer einzigen Frequenz wie in Gleichung (2.22) kann das Drive-Feld leicht so gestaltet werden, dass es herausgefiltert werden kann. Dazu wird der gleiche zeitliche Verlauf und damit die gleiche Frequenz wie die des Anregungsfeldes, nur mit höherer Amplitude, gewählt. Die höhere Amplitude im Vergleich zur Methode mit einem Voxel pro Anregungsperidode bewirkt, dass auch die Magnetisierung von Partikeln außerhalb eines Voxels in den dynamischen Bereich übergehen kann. Ohne das Drive-Feld und nur unter Einfluss des Selektionsfeldes würden sie sich im Sättigungsbereich der Magnetisierungskurve befinden. Der FFP befindet sich zu einem festen Zeitpunkt stets an der Position, an der Selektions- und Anregungsfeld sich aufheben:

$$\boldsymbol{H}(\boldsymbol{r}^{FFP}) = \boldsymbol{H}^S(\boldsymbol{r}^{FFP}) + \boldsymbol{H}^D(t) = \boldsymbol{0}\,. \tag{2.30}$$

Unter Verwendung von Gleichung (2.29) für das Selektionsfeld ergibt sich demnach ein linearer Zusammenhang zwischen der Position des FFP und dem Drive-Feld:

$$\boldsymbol{r}^{FFP} = -\boldsymbol{G}^{-1}\boldsymbol{H}^D(t)\,. \tag{2.31}$$

Da $\boldsymbol{G}$ eine Diagonalmatrix ist, ergibt sich ihre Inverse einfach zu

$$\boldsymbol{G} := \begin{pmatrix} \frac{1}{G_x} & 0 & 0 \\ 0 & \frac{1}{G_y} & 0 \\ 0 & 0 & \frac{1}{G_z} \end{pmatrix}\,. \tag{2.32}$$

Demnach ist die Trajektorie

$$\boldsymbol{\Psi}(t) = \begin{pmatrix} \Psi_x(t) \\ \Psi_y(t) \\ \Psi_z(t) \end{pmatrix}\,, \tag{2.33}$$

die der FFP innerhalb der Repititionszeit der Anregung T^R beschreibt, implizit durch

$$\boldsymbol{H}(\boldsymbol{\Psi}(t),t) = \boldsymbol{0}\,, \qquad t \in [0, T^R) \tag{2.34}$$

und im Falle eines linearen Selektionsfeldes und homogenen Drive-Felds explizit durch

$$\boldsymbol{\Psi}(t) = -\boldsymbol{G}^{-1}\boldsymbol{H}^D(t) \tag{2.35}$$

13

gegeben. Die Bewegung des FFPs im Raum kann durch Überlagerung dreier Drive-Felder $H_x^D(t)$, $H_y^D(t)$ und $H_z^D(t)$ geschehen. Diese werden von drei separaten Spuleneinheiten erzeugt. Die Drive-Felder sind entlang der Achsen des kartesischen Koordinatensystems orientiert:

$$H_x^D(t) = H_x^D(t)e_x = I_x^D(t)p_x^D e_x \,, \tag{2.36}$$

$$H_y^D(t) = H_y^D(t)e_y = I_y^D(t)p_y^D e_y \,, \tag{2.37}$$

$$H_z^D(t) = H_z^D(t)e_z = I_z^D(t)p_z^D e_z \,. \tag{2.38}$$

Dabei sind $I_x^D(t)$, $I_y^D(t)$ und $I_z^D(t)$ jeweils die Stromstärken und p_x^D, p_y^D und p_z^D die Sensitivitäten der entsprechenden Spuleneinheit. Das aus der Überlagerung der drei einzelnen Felder entstehende Drive-Feld lautet demnach

$$H^D = \begin{pmatrix} I_x^D(t)p_x^D \\ I_y^D(t)p_y^D \\ I_z^D(t)p_z^D \end{pmatrix} \,. \tag{2.39}$$

Um nun ein Volumen darzustellen, müssen die Drive-Felder so gewählt werden, dass sämtliche Voxel darin im Rahmen der Bewegung des FFPs abgetastet werden. In dieser Arbeit wird mit Schichtbildern gearbeitet. Um ein Schichtbild in der x-y-Ebene zu erzeugen, werden dabei die beiden Drive-Felder in x- und y-Richtung benutzt. Dafür gibt es verschiedene Möglichkeiten, die in unterschiedlichen Trajek-

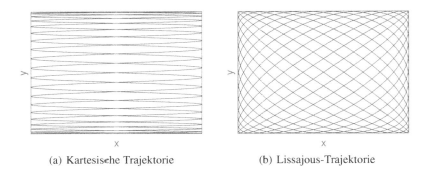

(a) Kartesische Trajektorie   (b) Lissajous-Trajektorie

Abbildung 2.1: Durch sinusförmige Stromstärken erzeugte Trajektorien. Links eine kartesische Trajektorie mit $f_x = 20f_y$. Auf der rechten Seite eine Lissajous-Trajektorie mit $\frac{f_y}{f_x} = \frac{13}{14}$

torien resultieren. Eine naheliegende Wahl bildet die kartesische Trajektorie. Die gewünschte Trajektorie kann durch zwei sinusförmige Stromstärken zur Erzeugung des Drive-Feldes erreicht werden:

$$I_x^D(t) = I_x^0 \sin(2\pi f_x t)\,, \tag{2.40}$$

$$I_y^D(t) = I_y^0 \sin(2\pi f_y t)\,. \tag{2.41}$$

Die Frequenzen sollten sich dabei deutlich in ihrer Größe unterscheiden. Wählt man beispielsweise

$$f_x \gg f_y\,, \tag{2.42}$$

so wird die Schicht aufgrund der unterschiedlichen Geschwindigkeiten der Bewegung des FFPs Linie für Linie abgetastet, wobei die Linien in x-Richtung verlaufen. Ein Beispiel einer solchen Trajektorie mit einer 20-fach höheren Frequenz in x-Richtung ist in Abbildung 2.1(a) zu sehen.

In dieser Arbeit wird die Lissajous-Trajektorie verwendet. Die Wahl zweier sinusförmigen Stromstärken mit einer ähnlichen Frequenz resultiert hier in einem ellipsoiden Weg des FFP. Um eine endliche Repititionszeit zu erhalten, können kommensurable Frequenzen gewählt werden. Eine Wahl für das Verhältnis der Frequenzen ist

$$\frac{f_y}{f_x} = \frac{N_D}{N_D + 1}\,. \tag{2.43}$$

Dabei beschreibt der Parameter N_D die Dichte der Linien, entlang derer sich der FFP bewegt. Ein Beispiel einer Lissajous-Trajektorie mit $N_D = 13$ ist in Abbildung 2.1(b) gegeben. Das Selektionsfeld bewirkt einen je nach Position verschiedenen zeitlichen Versatz der in der Empfangsspule gemessenen Spannung. Eine Unterscheidung der Signale aus den einzelnen Voxeln ist damit auch bei gleichzeitiger Messung möglich.

2.1.5 Bildrekonstruktion

Für die Bildrekonstruktion ist es wichtig zu wissen, wie die gemessene Spannung und die darzustellende Konzentration miteinander zusammenhängen. Tatsächlich lässt sich aus den Gleichungen (2.3) und (2.17) eine lineare Abhängigkeit erkennen.

Die Signalgleichung im eindimensionalen Fall und damit für eine einzelne Empfangsspule lautet im Zeitbereich

$$u^P(t) = \int_\Omega s(\boldsymbol{r}, t) c(\boldsymbol{r}) \mathrm{d}^3 r \,, \tag{2.44}$$

mit der Systemfunktion

$$s(\boldsymbol{r}, t) = -\mu_0 \boldsymbol{p}^E(\boldsymbol{r}) \cdot \frac{\partial \overline{\boldsymbol{m}}(\boldsymbol{r}, t)}{\partial t} \,. \tag{2.45}$$

Im Frequenzbereich lautet sie

$$\hat{u}_k^P = \int_\Omega \hat{s}_k(\boldsymbol{r}) c(\boldsymbol{r}) \mathrm{d}^3 r \,, \tag{2.46}$$

mit der Systemfunktion

$$\hat{s}_k(\boldsymbol{r}) = -\frac{\mu_0}{T^R} \int_0^{T^R} \left(\boldsymbol{p}^E(\boldsymbol{r}) \cdot \frac{\partial \overline{\boldsymbol{m}}(\boldsymbol{r}, t)}{\partial t} \right) e^{-2\pi \mathrm{i} k t / T^R} \mathrm{d}t \,. \tag{2.47}$$

Nicht berücksichtigt ist dabei das durch das Anregungsfeld induzierte Signal und damit auch die Filterung, die nötig ist, um es zu eliminieren. Die Systemfunktion kann entweder durch eine Kalibriermessung bestimmt oder anhand eines physikalischen Modells berechnet werden.

Für die Diskretisierung werden N Voxel mit dem Volumen ΔV in einem VOI betrachtet. Die N Abtastpunkte liegen jeweils im Zentrum $\boldsymbol{r}_n$ des n-ten Voxels. Dabei ist $n = 1, \ldots, N$ der lineare Index. Die diskrete Approximation von Gleichung (2.46) lautet dann:

$$\hat{u}_k^P \approx \tilde{u}_k^P := \Delta V \sum_{n=0}^{N-1} \hat{s}_k(\boldsymbol{r}_n) c(\boldsymbol{r}_n) \,. \tag{2.48}$$

Unter Berücksichtigung vom K Frequenzen lautet die Messung in Vektorform $\hat{\boldsymbol{u}} \in \mathbb{C}^K$

$$\hat{\boldsymbol{u}} := \left(\tilde{u}_k^P \right)_{k=0}^{K-1} \,. \tag{2.49}$$

Mit der Systemmatrix $\boldsymbol{S} \in \mathbb{C}^{K \times N}$ mit

$$\boldsymbol{S} = (\Delta V \hat{s}(\boldsymbol{r}_n))_{k=0,\ldots,K-1; n=0,\ldots,N-1} \tag{2.50}$$

kann die diskrete Systemgleichung auch als

$$Sc = \hat{u} \tag{2.51}$$

ausgedrückt werden. Dabei ist $c \in \mathbb{R}^N$ der Vektor der Partikelkonzentration:

$$c = (c(r_n))_{n=0}^{N-1} \,. \tag{2.52}$$

Im mehrdimensionalen Fall werden mehrere Empfangsspulen verwendet und so liegen auch mehrere Messvektoren $\hat{u}_{\ell,k}^p$ vor. Das wird auch als Messung mit mehreren Empfangskanälen bezeichnet, denen je eine eigene Systemfunktion $\hat{s}_{\ell,k}(r)$ zugeordnet wird. Damit resultiert für jeden Kanal ein lineares Gleichungssystem wie in Gleichung (2.51). Bei L Kanälen lassen sich die einzelnen Systemmatrizen und Messvektoren zu

$$S = \begin{pmatrix} S_0 \\ S_1 \\ \vdots \\ S_{L-1} \end{pmatrix} \tag{2.53}$$

sowie

$$\hat{u} = \begin{pmatrix} \hat{u}_0 \\ \hat{u}_1 \\ \vdots \\ \hat{u}_{L-1} \end{pmatrix} \tag{2.54}$$

zusammenfügen. Dann lässt sich die Signalgleichung auch für ein mehrkanaliges System in ein einziges lineares Gleichungssystem wie Gleichung (2.51) überführen. Dabei gilt $S \in \mathbb{C}^{M \times N}$ und $\hat{u} \in \mathbb{C}^M$ wobei $M = LK$ ist. Ausgehend von mehreren Empfangskanälen muss für die Bildrekonstruktion das Problem aus Gleichung (2.51) gelöst werden mit der Systemmatrix aus Gleichung (2.53) und der gemessenen Spannung aus Gleichung (2.54). Aufgrund von Rauschen misst man in der Realität die Spannung

$$\tilde{u} = \hat{u} + \eta \,, \tag{2.55}$$

wobei η der Rauschvektor ist. Daher ändert sich Gleichung (2.51) zu

$$Sc \approx \tilde{u} \,, \tag{2.56}$$

wobei dieses System durch das Rauschen inkonsistent, d.h. nicht exakt lösbar, sein kann. Das Ziel bei der Rekonstruktion ist daher, eine Lösung im Sinne der kleinsten Quadrate zu finden:

$$\|\boldsymbol{S}\boldsymbol{c} - \tilde{\boldsymbol{u}}\|_2^2 \overset{c}{\to} \min . \qquad (2.57)$$

Dies ist äquivalent zur Lösung der Normalgleichung

$$\boldsymbol{S}^H \boldsymbol{S}\boldsymbol{c} = \boldsymbol{S}^H \tilde{\boldsymbol{u}} . \qquad (2.58)$$

Für das Problem (2.58) existiert immer eine Lösung und im Falle einer Matrix $\boldsymbol{S}$ mit vollem Rang ist die Lösung eindeutig. Da es sich in MPI, meistens aufgrund der Konditionszahl der Matrix $\boldsymbol{S}$, oft um ein schlecht gestelltes Problem handelt, werden zur Verbesserung der Lösung Methoden zur Regularisierung eingesetzt. Eine wichtige Methode ist dabei die Tikhonov-Regularisierung, bei der Gleichung (2.57) um einen Term erweitert wird, der Lösungen mit großer euklidischer Norm bestraft:

$$\|\boldsymbol{S}\boldsymbol{c} - \tilde{\boldsymbol{u}}\|_2^2 + \gamma \|\boldsymbol{c}\|_2^2 \overset{c}{\to} \min . \qquad (2.59)$$

Dabei bezeichnet γ den Regularisierungsparameter. Die Regularisierung soll eine Überanpassung an das Rauschen verhindern, was sich im Bild als eine Glättung zeigt. Die Stärke der Glättung wird durch den Parameter γ bestimmt. Die Wahl des Parameters kann automatisch oder per Hand getroffen werden. Ein Startwert bei der manuellen Auswahl ist durch

$$\gamma = \frac{\mathrm{spur}(\boldsymbol{S}^H \boldsymbol{S})}{\mathrm{spur}(\boldsymbol{I})} = \frac{\|\boldsymbol{S}\|_{\mathrm{F}}^2}{\mathrm{spur}(\boldsymbol{I})} = \frac{\|\boldsymbol{S}\|_{\mathrm{F}}^2}{N} \qquad (2.60)$$

gegeben, mit der Frobeniusnorm $\|\cdot\|_{\mathrm{F}}$. Dabei ist $\boldsymbol{I}$ die Einheitsmatrix und $\mathrm{spur}(\boldsymbol{B})$ bezeichnet die Summe der Hauptdiagonalelemente einer Matrix $\boldsymbol{B}$.

Zur Lösung des Problems (2.59) werden bei MPI oft iterative Methoden verwendet, die gegenüber einer direkten Lösung Vorteile im Speicherbedarf und häufig auch weniger Rechenaufwand aufweisen. Eine verbreitete Methode ist der Kaczmarz-Algorithmus. In der ursprünglichen Form ist der Algorithmus nicht geeignet, um eine Lösung für inkonsistente Systeme wie Gleichung (2.56) zu finden. Daher muss der Algorithmus für die MPI-Rekonstruktion leicht angepasst werden, indem er auf

$$\begin{pmatrix} \boldsymbol{S} & \gamma^{\frac{1}{2}}\boldsymbol{I} \end{pmatrix} \begin{pmatrix} \boldsymbol{c} \\ \nu \end{pmatrix} = \tilde{\boldsymbol{u}} \qquad (2.61)$$

angewendet wird. Die Äquivalenz zum ursprünglichen Problem ist in [13] gezeigt. Daraus resultiert Algorithmus 1. Ein tief gestellter Index j kennzeichnet dabei die

---

Input : $S \in \mathbb{C}^{M \times N}$ // Systemmatrix
        $\tilde{u} \in \mathbb{C}^{M}$ // Messdaten
        $c^0 \in \mathbb{C}^{N}$ // Initiale Schätzung
        $N^{Iter} \in \mathbb{N}$ // Anzahl Iterationen
        $\gamma \geq 0$ // Regularisierungsparameter
Output : $c \in \mathbb{C}^{N}$ // Lösung

1   $\nu^0 = 0$;
2   **for** $l = 1$ **to** $M N^{Iter}$ **do**
3      $j = l \mod M + 1$;
4      $\alpha^l = \frac{\tilde{u}_j - s_j^* \cdot c^l - \gamma^{\frac{1}{2}} \nu_j}{\|s_j\|_2^2 + \gamma}$;
5      $c^{l+1} = c^l + \alpha^l s_j$;
6      $\nu_j^{l+1} = \nu_j + \alpha^l \gamma^{\frac{1}{2}} e_j$
7   **end**

Algorithmus 1 : Modifizierter Kaczmarz Algorithmus für MPI

---

j-te Zeile. Der dargestellte Algorithmus arbeitet in jeder Iteration auf einer Zeile s_j der Systemmatrix S. Ein vollständiger Durchlauf der Zeilen von S stellt eine der N^{Iter} Kaczmarz-Iterationen dar. Die Anzahl der Iterationen bietet eine zusätzliche Möglichkeit zur Regularisierung, da durch rechtzeitiges Beenden ein Konvergieren gegen eine verrauschte Lösung verhindert werden kann. In den Algorithmus kann nach jeder Iteration bzw. jedem Update des Konzentrationsvektors c ein Befehl eingefügt werden, der sicherstellt, dass dieser reell und nicht negativ ist. Diese Eigenschaften müssen offensichtlich für eine Partikelkonzentration gelten.

2.2 Bildentrauschung

In diesem Unterkapitel werden die Methoden zur Bildentrauschung erläutert, auf denen der in dieser Arbeit zur Verbesserung der Rekonstruktion eingesetzte Algorithmus basiert.

Da die vorgestellten Methoden zur Bildentrauschung auf der Maximum-a-posteriori-(MAP)-Schätzung beruhen oder sie approximieren, soll diese zunächst vorgestellt werden. Anschließend soll die Entrauschung von Bildern anhand der Repräsentation der Bildausschnitte durch gelernte Wörterbücher beschrieben werden, bevor das Konzept von expected patch log likelihood (EPLL) vorgestellt wird. Der letzte Abschnitt dieses Kapitels beschreibt die Synthese der beiden Ansätze zu einem verbesserten Entrauschungsalgorithmus.

In diesem Kapitel wird stets von dem Problem einer verrauschten Messung eines gesuchten Bildes c ausgegangen. Das Modell dafür lautet

$$\tilde{c} = Ac + \eta \,. \tag{2.62}$$

Dabei ist $A \in \mathbb{R}^{N \times N}$ ein linearer Operator der Form, sodass $\tilde{c}$ und c die gleiche Dimension haben. Das Rauschen η soll weiß, normalverteilt und mittelwertfrei mit einer Standardabweichung σ sein. Das Ziel besteht darin, ein $\hat{c}$ zu schätzen, welches das wahre c so gut wie möglich approximiert.

2.2.1 Maximum-a-posteriori-Schätzung

Das Ziel der MAP-Schätzung bei einem Problem wie in Gleichung (2.62) ist es, einen Schätzwert für den wahren Vektor c zu bestimmen [9, S.385-386]. Dafür wird der Vektor $\hat{c}$ ausgewählt, der die A-posteriori-Dichte $p_{c|\tilde{c}}(c|\tilde{c})$ maximiert:

$$\hat{c} = \arg \max_{c} p_{c|\tilde{c}}(c|\tilde{c}) \,. \tag{2.63}$$

Hierbei beschreibt $p_{c|\tilde{c}}(c|\tilde{c})$ die Wahrscheinlichkeitsdichtefunktion von c unter der Bedingung, dass der Messvektor $\tilde{c}$ beobachtet worden ist. Eine Herausforderung beim Berechnen der MAP-Schätzung liegt darin, $p_{c|\tilde{c}}(c|\tilde{c})$ zu beschreiben. Durch Nutzen der Bayes-Regel

$$p_{c|\tilde{c}}(c|\tilde{c}) = \frac{p_c(c) p_{\tilde{c}|c}(\tilde{c}|c)}{p_{\tilde{c}}(\tilde{c})} \tag{2.64}$$

kann die Gleichung (2.63) auch als

$$\hat{c} = \arg \max_{c} p_{\tilde{c}|c}(\tilde{c}|c) p_c(c) \,. \tag{2.65}$$

geschrieben werden. Die A-priori-Dichte der Messung $p_{\tilde{c}}(\tilde{c})$ aus dem Nenner von Gleichung (2.64) kann dabei weggelassen werden, weil sie nicht von der gesuchten Größe c abhängt. Die in der Formel noch enthaltene Likelihood $p_{\tilde{c}|c}(\tilde{c}|c)$ und die A-priori-Dichte $p_c(c)$, auch Prior genannt, sind oft leichter zugänglich als die A-posteriori-Dichte $p_{c|\tilde{c}}(c|\tilde{c})$. Eine äquivalente Darstellung des Optimierungsproblems in Gleichung (2.65) entsteht durch Logarithmieren:

$$\hat{c} = \arg\max_{c}(\log p_{\tilde{c}|c}(\tilde{c}|c) + \log p_c(c)) \,. \tag{2.66}$$

2.2.2 Entrauschung mittels gelernter Wörterbücher und spärlicher Repräsentationen

In [5] betrachten die Autoren das Problem (2.62), wobei $A = I$ ist. Soweit nicht anders angegeben, folgt dieses Unterkapitel diesem Paper. Demnach vereinfacht sich das Problem zu

$$\tilde{c} = c + \eta \,. \tag{2.67}$$

Das bedeutet, die Messung $\tilde{c}$ stellt das mit additivem Rauschen versehene Bild dar. Im Folgenden soll das Bild die Größe $\sqrt{N} \times \sqrt{N}$ besitzen und in vektorisierter Form vorliegen. Der hergeleitete Algorithmus funktioniert jedoch auch bei nicht quadratischen Bildern.

Der Methode zur Entrauschung liegt die Annahme zugrunde, dass die Bildausschnitte ohne Rauschen durch das *Sparseland*-Modell beschrieben werden können. Dieses Modell der Signalgenerierung nimmt an, dass ein beliebiger Bildausschnitt $c' \in \mathbb{R}^n$ der Größe $\sqrt{n} \times \sqrt{n}$ durch eine Matrix $D \in \mathbb{R}^{n \times m}$ mit einem begrenzten Fehler ϵ dargestellt werden kann. Es gilt demnach

$$D\alpha \approx c', \text{ wobei } \left\| D\alpha - c' \right\|_2 \leq \epsilon \,. \tag{2.68}$$

Dabei ist $\alpha \in \mathbb{R}^m$ ein spärlicher Vektor, für den $\|\alpha\|_0 \ll n$ gilt. Die Größe $\|\alpha\|_0$ ist die l_0-Pseudonorm [4, S.12], welche als

$$\|\alpha\|_0 = \lim_{p \to 0} \|\alpha\|_p^p = \lim_{p \to 0} \sum_{k=1}^{m} |\alpha_k|^p = \#\{i : \alpha_i \neq 0\} \tag{2.69}$$

definiert werden kann. Sie zählt somit die Zahl der Komponenten eines Vektors, die ungleich null sind.

Für die Matrix D gelte im Rahmen des Modells $m > n$ und die Annahme, dass sie vollen Rang hat, das heißt

$$\text{rang}(D) = n \,. \tag{2.70}$$

Für den Fall $\epsilon = 0$, ergibt sich aus Gleichung (2.68) mit $D\alpha = c'$ ein unterbestimmtes lineares Gleichungssystem mit unendlich vielen Lösungen. Neben ϵ und D ist zur vollständigen Definition des Modells eine Bestimmung des Maßes an Spärlichkeit notwendig. Das kann durch Festlegung einer oberen Grenze k_0 der Nicht-Null-Elemente des Vektors $\hat{\alpha}$ geschehen:

$$\|\alpha\|_0 \leq k_0 \ll n \,. \tag{2.71}$$

Damit ist das Modell durch das Tripel (ϵ, k_0, D) definiert. Das in Gleichung (2.71) feste k_0 kann auch durch die Forderung ersetzt werden, dass eine Repräsentation mit größerer Spärlichkeit wahrscheinlicher ist.

Unter der Annahme, dass die rauschfreien Bildausschnitte durch das Modell beschrieben werden können, kann es nun zur Lösung des Enrauschungsproblems (2.67) für einen Bildausschnitt verwendet werden. Durch Lösen von

$$\hat{\alpha} = \arg \min_{\alpha} \|\alpha\|_0 \ \text{u. d. N.} \ \left\|D\alpha - \tilde{c}'\right\|_2^2 \leq T \tag{2.72}$$

ergibt sich die entrauschte Version $\hat{c} = D\hat{\alpha}$ des Ausschnitts $\tilde{c}'$. Der erlaubte Repräsentationsfehler T für den Bildausschnitt mit n Pixeln lautet

$$T = n\epsilon\sigma^2 \,. \tag{2.73}$$

Er ist demnach abhängig von der Standardabweichung σ des Rauschens und dem erlaubten Repräsentationsfehler ϵ des Modells bei der Repräsentation eines rauschfreien Bildausschnitts.

Die Matrix D wird auch als Wörterbuch bezeichnet. Die Spalten des Wörterbuchs werden Atome genannt, da sich im Rahmen des (ϵ, k_0, D)-Modells jedes Signal durch eine Linearkombination von höchstens k_0 Atomen darstellen lässt. [4, S.172]

Die Wahl des Wörterbuchs kann auf verschiedene Weisen erfolgen. Zum einen kann ein vordefiniertes Wörterbuch verwendet werden. Beispiele hierfür sind verschiedene Wavelets, die Wavelet-Paket-Transformation, Contourlets, Curvelets und Bandelets. Die Nachteile solcher Methoden liegen häufig in der limitierten Spärlichkeit und Fähigkeit, nur mit begrenzten Typen von Signalen umzugehen. Ein zweiter Ansatz, der diese Nachteile umgehen soll, umfasst das Lernen eines Wörterbuchs anhand eines Trainingsdatensatzes von Signalen. Bei dieser empirischen Methode werden ähnliche Signale für das Training gewählt wie sie in der Anwendung zu erwarten sind. Dieser Ansatz wird bei den im Rahmen dieser Arbeit verwendeten Methoden verfolgt. [4, S.227-228]

Bisher wurde ein einzelner Bildausschnitt betrachtet. Das Ziel besteht im Entrauschen eines Bildes der Größe $\sqrt{N} \times \sqrt{N}$ mit $N \gg n$. Dabei kann die Größe der Bildausschnitte und des Wörterbuchs nicht einfach an die Bildgröße angepasst werden. Das Wörterbuch würde zu viele Trainingsdaten benötigen. Insbesondere könnte das Wörterbuch nicht auf dem verrauschten Bild trainiert werden, wie es in diesem Algorithmus möglich sein soll. Deshalb muss die in Gleichung (2.72) gefundene Lösung des Entrauschungsproblems für einen Bildausschnitt auf das gesamte Bild ausgeweitet werden. Für die hier vorgeschlagene Lösung des Problems kann Gleichung (2.72) zunächst als

$$\hat{\boldsymbol{\alpha}} = \arg \min_{\boldsymbol{\alpha}} \left\| \boldsymbol{D}\boldsymbol{\alpha} - \tilde{\boldsymbol{c}}' \right\|_2^2 + \mu \left\| \boldsymbol{\alpha} \right\|_0 \qquad (2.74)$$

geschrieben werden. Für ein geeignetes μ ist dieses Minimierungsproblem äquivalent zu Gleichung (2.72). In dieser Form lässt sich erkennen, dass die MAP-Schätzung angenähert wird. Ein Vergleich mit Gleichung (2.66) zeigt, dass die Gleichung (2.74) als Annäherung einer MAP-Schätzung angesehen werden kann. Dabei stellt der erste Term die Log-Likelihood dar und weist Repräsentationen, die nah an der Messung sind, eine höhere Wahrscheinlichkeit zu. Der zweite Term nähert den Prior an, der dem Modell folgend spärlichere Repräsentationen als wahrscheinlicher ansieht.

Unter Betrachtung aller $L := \sqrt{N} - \sqrt{n} + 1$ überlappenden Bildausschnitte und der Annahme, dass die Bildausschnitte des unbekannten, ungestörten Bildes c durch das $(\epsilon, k_0, \boldsymbol{D})$-Modell beschrieben werden können, lautet die Generalisierung von Gleichung (2.74)

$$\left\{ \hat{\boldsymbol{\alpha}}_i, \hat{\boldsymbol{D}}, \hat{\boldsymbol{c}} \right\} = \arg \min_{\boldsymbol{\alpha}_i, \boldsymbol{D}, \boldsymbol{c}} \lambda \left\| \boldsymbol{c} - \tilde{\boldsymbol{c}} \right\|_2^2 + \sum_{i=1}^{L} \mu_i \left\| \boldsymbol{\alpha}_i \right\|_0 + \sum_{i=1}^{L} \left\| \boldsymbol{D}\boldsymbol{\alpha}_i - \boldsymbol{P}_i \tilde{\boldsymbol{c}} \right\|_2^2 \qquad (2.75)$$

mit einem Parameter λ. Die Matrix $\boldsymbol{P}_i \in n \times N$ extrahiert dabei den i-ten Bildausschnitt $\tilde{c}^i = \boldsymbol{P}_i \tilde{c}$ aus dem Bild mit $i = 1, \ldots, L$. Das Wörterbuch kann als fest angesehen werden. In dem Fall kann es vorher auf Beispielbildern gelernt werden. Es wird unverändert für den gesamten Entrauschungsprozess verwendet, sodass als Variablen nur α_i und $\hat{c}$ bleiben. Das Wörterbuch kann auch neben α_i und $\hat{c}$ als dritte Variable, bezüglich derer Gleichung (2.75) minimiert werden soll, angesehen werden. In diesem Fall wird es während des Prozesses angepasst, indem auf Bildausschnitten des verrauschten Bildes gelernt wird. Der erste Term in Gleichung (2.75) stellt dabei sicher, dass das entrauschte Bild c nicht zu stark von dem gemessenen Bild abweicht. Im Rahmen der MAP-Schätzung, die durch die Formel angenähert wird, stellt der Term die Log-Likelihood dar. Die letzten beiden Terme sind Teile des Priors und sorgen dafür, dass jeder Bildausschnitt im entrauschten Bild eine spärliche Repräsentation mit begrenztem Fehler besitzt.

Die Lösung von Gleichung (2.75) kann durch eine sequentielle Minimierung nach den drei Variablen angenähert werden. Dabei werden alle Variablen bis auf eine festgesetzt, und es wird die Zielfunktion in Bezug auf die verbleibende Variable minimiert. Dies wird jeweils für α_i, c und optional für $\boldsymbol{D}$ durchgeführt. Innerhalb einer Iteration des Entrauschungsalgorithmus wird das Problem für jede Variable einmal gelöst.

Der Algorithmus kann nach der Initialisierung des rekonstruierten Bildes mit dem verrauschten Bild $c = \tilde{c}$ mit der Minimierung bezüglich der Bildausschnitte α_i begonnen werden:

$$\hat{\boldsymbol{\alpha}}_i = \arg \min_{\boldsymbol{\alpha}_i} \mu_i \|\boldsymbol{\alpha}_i\|_0 + \|\boldsymbol{D}\boldsymbol{\alpha}_i - \boldsymbol{P}_i \tilde{c}\|_2^2 \, . \tag{2.76}$$

Damit erhält man das gleiche Problem wie in Gleichung (2.74). Das kann auch in der Form von Gleichung (2.72) geschrieben werden. Damit muss der Parameter μ_i nicht explizit bestimmt werden. Die Lösung dieses Problems kann mittels des Orthogonal-Matching-Pursuit-(OMP)-Algorithmus gut approximiert werden.

Der in Algorithmus 2 dargestellte OMP [4, S.36-37] ist ein Greedy-Algorithmus, dessen Grundidee darauf beruht, die Atome des Wörterbuchs, die für die Darstellung des Bildausschnitts nötig sind, nacheinander auszuwählen. Das geschieht in den Zeilen 3-7 des Algorithmus. Dabei bezeichnet $\boldsymbol{d}_j^T$ das j-te Atom des Wörterbuchs

D. Der Träger S des Vektors $\hat{\alpha}$ ist als

$$S = \{j \in 1, \ldots m | \hat{\alpha}_j \neq 0\} \ . \tag{2.77}$$

definiert, wobei $\hat{\alpha}_j$ die j-te Komponente von $\hat{\alpha}$ bezeichnet. Anschließend werden in Zeile 8 die Koeffizienten für den gefundenen Träger berechnet, wobei D_{s^k} und $\hat{\alpha}_{S^k}$ die dazugehörigen Atome bzw. Elemente bezeichnen. Der Träger wird so lange um jeweils ein Atom erweitert, bis der Repräsentationsfehler unter den Schwellwert T fällt, wobei die Koeffizienten in jedem Schritt aktualisiert werden.

Der zweite, optionale Schritt besteht in der Aktualisierung des Wörterbuchs mit einem geeigneten Algorithmus. Mit dem erhaltenen oder bereits vorher festgelegten $\hat{D}$ bleiben für c der erste und der letzte Term in Gleichung (2.75) zu lösen:

$$\hat{c} = \arg\min_{c} \lambda \left\| c - \tilde{c}' \right\|_2^2 + \sum_{i=1}^{L} \left\| D\alpha_i - P_i\tilde{c} \right\|_2^2 \ . \tag{2.78}$$

Input : $D \in \mathbb{R}^{n \times m}$ // Wörterbuch
        $\hat{\alpha}^0 = 0 \in \mathbb{R}^m$ // Initiale Schätzung
        $T \in \mathbb{R}$ // Fehlerschwellwert
        $k = 0$ // Anzahl Atome
        $S^0 = \emptyset$ // Träger von $\hat{\alpha}$
        $r^0 = \tilde{c}'$ // Repräsentationsfehler
Output : $\hat{\alpha} \in \mathbb{R}^m$ // Lösung

1 **while** $\left\| r^k \right\|_2 \geq T$ **do**
2     $k = k + 1$;
3   **for** $j = 1$ **to** m **do**
4        $\epsilon_j = \left\| r^{k-1} \right\|_2^2 - \frac{(d_j^T r^{k-1})^2}{\|\alpha_j\|_2^2}$;
5   **end**
6   Finde $j_0 : \forall j \neq S^{k-1}, \epsilon_{j_0} < \epsilon_j$;
7     $S^k = S^{k-1} \cup \{j_0\}$;
8     $\hat{\alpha}^k = \arg\min_{\alpha_{S^k}} \left\| D_{s^k}\hat{\alpha}_{S^k} - \tilde{c}' \right\|_2^2$;
9     $r^k = \tilde{c}' - D\alpha^k$;
10 **end**

Algorithmus 2 : Orthogonal-Matching-Pursuit-Algorithmus zur Lösung des Problems aus Gleichung (2.72)

Dieser Term lässt sich als

$$\hat{c} = \left(\lambda \boldsymbol{I} + \sum_{i=1}^{L} \boldsymbol{P}_i^T \boldsymbol{P}_i \right)^{-1} \left(\lambda \tilde{c} + \sum_{i=1}^{L} \boldsymbol{P}_i^T \hat{\boldsymbol{D}} \hat{\alpha}_i \right) \qquad (2.79)$$

direkt lösen. Damit ist die Schätzung eine Mittlung der entrauschten Bildausschnitte und des mit λ gewichteten Ausgangsbildes. Dadurch dass sich die Bildausschnitte überlappen, werden Artefakte an den Grenzen der Ausschnitte, die bei Entrauschen und Zusammenfügen nicht überlappender Bildausschnitte zu einem Bild typischerweise auftreten, reduziert.

Ungeklärt bleibt bei diesem Algorithmus noch die Wahl des Schwellwerts T für den Repräsentationsfehler bei den spärlichen Repräsentationen nach der ersten Iteration. Weil T auch von σ abhängig ist und das Rauschniveau im Bild nach der ersten Iteration geringer werden sollte, muss auch T für spätere Iterationen angepasst werden. Daher verzichten die Autoren in der Implementierung des Algorithmus auf eine weitere Iteration nach der ersten Mittelung der entrauschten Bildausschnitte zu $\hat{c}$.

2.2.3 Expected patch log likelihood

In [19] stellen die Autoren einen Weg vor, um Methoden zur Bildentrauschung, die auf Bildausschnitten arbeiten und auf einer Maximum-a-posteriori-Schätzung basieren, zu verbessern.

Bei der Entrauschung eines Bildes über seine Bildausschnitte werden diese häufig gemittelt. Ein Problem dabei bleibt jedoch auch bei überlappenden Bildausschnitten, dass bei der Mittelung neue Bildausschnitte erzeugt werden, die oft keine hohe Wahrscheinlichkeit unter dem gegebenen Prior besitzen. Das bedeutet, dass ein zufällig gewählter Bildausschnitt $\hat{c}'$ aus dem rekonstruierten Bild $\hat{c}$ nicht mehr gut in das vorher definierte Modell passt.

Die Idee des vorgestellten Ansatzes beruht auf der Betrachtung der Entrauschungs-ergebnisse mit MAP-Schätzungen für verschiedene Priors. Dabei erzielen Priors bessere Ergebnisse bei der Entrauschung von Bildausschnitten, die auch für die un-verrauschten Ausschnitte hohe Werte liefern. Das Ziel ist daher ein rekonstruiertes Bild zu erhalten, dessen Ausschnitte ebenfalls sehr wahrscheinlich unter dem Prior sind. Dazu wird die expected patch log likelihood (EPLL) benutzt. Diese wird als die Summe der logarithmierten Wahrscheinlichkeiten unter dem Prior p für jeden Bildausschnitt eines Bildes c definiert:

$$\text{EPLL}_p(c) = \sum_{i=1}^{L} \log p_{c^i}(c^i).$$ (2.80)

Sie stellt damit die Log-Likelihood eines zufällig aus dem Bild ausgewählten Patches dar (bis auf Skalierung).

Angewendet auf das Problem aus Gleichung (2.62) versucht man nun, die EPLL zu maximieren, während das geschätzte Bild nah an der Messung bleiben soll. Diese Aufgabe lässt sich mittels einer Kostenfunktion ausdrücken, die es zu minimieren gilt:

$$f_p(c|\tilde{c}) = \frac{\lambda}{2} \|Ac - \tilde{c}\|_2^2 - EPLL_p(c).$$ (2.81)

Die Optimierung kann mittels *half quadratic splitting* vereinfacht werden. Dabei wird für jeden überlappenden Bildausschnitt $c^i = P_i c$ eine Hilfsvariable z^i eingeführt. Somit verändert sich die Kostenfunktion zu

$$h_p(c, \{z^i\}|\tilde{c}) = \frac{\lambda}{2} \|Ac - \tilde{c}\|_2^2 + \sum_{i=1}^{L} \frac{\beta}{2} \|P_i c - z^i\|_2^2 - \log p_{c_i}(z^i).$$ (2.82)

Für $\beta \to \infty$ konvergiert diese Kostenfunktion gegen $f_p(c|\tilde{u})$ aus Gleichung (2.81) und die Hilfsvariablen der Bildausschnitte gegen diejenigen aus dem Bild c. Für einen festen Wert von β kann Gleichung (2.82) optimiert werden, indem man sie alternierend für $\{z^i\}$ und c löst, wobei die jeweils andere Variable fest bleibt.

Die Lösung nach c mit festem $\{z_i\}$ erhält man durch Ableiten von Gleichung (2.82). Setzt man die Ableitung gleich Null und stellt nach c um, ergibt sich mit

$$\hat{c} = \left(\lambda A^T A + \beta \sum_{i=1}^{L} P_i^T P_i \right)^{-1} \left(\lambda A^T \tilde{c} + \beta \sum_{i=1}^{L} P_i^T z^i \right)$$ (2.83)

ein geschlossener Ausdruck. Die Lösung nach $\{z^i\}$ bei festem $c = \hat{c}$ aus dem vorherigen Schritt erhält man durch Berechnen oder Approximieren einer MAP-Schätzung. Die genaue Lösung ist abhängig von der Wahl des Priors p. Die EPLL-Methode ist somit für einen beliebigen Prior im Rahmen einer MAP-Schätzung anwendbar. Die beiden Schritte werden mehrmals iteriert, um die Lösung der

Minimierung von Gleichung (2.82) für ein festes β zu approximieren. Ist die Lösung für ein festes β gefunden, wird der Prozess mit den aktuellen Schätzungen für c und $\{z_i\}$ mit steigenden Werten für β ebenfalls iteriert. Es gibt demnach eine äußere Iteration mit steigendem β und eine innere zur Minimierung von Gleichung (2.82) für den aktuellen Wert des Parameters. Für große Werte von β werden auch die Kosten aus der ursprünglichen Kostenfunktion in Gleichung (2.81) verringert.

Für das Problem des additiven Rauschens aus Gleichung (2.67) wird mit $A = I$ Gleichung (2.83) zu

$$\hat{c} = \left(\lambda I + \beta \sum_{i=1}^{L} P_i^T P_i \right)^{-1} \left(\lambda \tilde{c} + \beta \sum_{i=1}^{L} P_i^T z^i \right) . \tag{2.84}$$

Somit findet sich in der inneren Iteration ein Mitteln der entrauschten Bildausschnitte in Form von Gleichung (2.79) wieder. Vor der ersten Iteration wird die aktuelle Schätzung des Bildes mit dem verrauschten Bild initialisiert. Der Parameter β wird zunächst als $\beta = \frac{1}{\sigma^2}$ gewählt. Ähnlich wie beim Schwellwert T in Abschnitt 2.2.2 bleibt die Frage nach der optimalen Wahl des Parameters nach der ersten Iteration ungeklärt. Die Autoren setzen ihn manuell auf den Ursprungswert, multipliziert mit $4, 8, 16$ und 32, und schlagen darüber hinaus vor, einen Schätzer für das Rauschen zu benutzen.

2.2.4 Expected patch log likelihood mit spärlichem Prior

In [15] verbinden die Autoren die Idee der EPLL-Methode aus dem vorigen Unterkapitel mit der Darstellung durch spärliche Repräsentationen. Das geschieht durch die Wahl des Priors.

Der Prior besteht in dem Fall aus der Forderung, dass die Hilfsvariablen z^i durch das *Sparseland*-Modell aus Abschnitt 2.2.2 generierte Signale sind, also $z_i = D\alpha_i$ gilt. Die Kostenfunktion h aus Gleichung (2.82) wird damit zu

$$h_{\mu,\beta}(c, \{\alpha_i\}|\tilde{c}) = \frac{\lambda}{2} \|Ac - \tilde{c}\|_2^2 + \sum_{i=1}^{L} \frac{\beta}{2} \|P_i c - D\alpha_i\|_2^2 + \mu_i \|\alpha_i\|_0 . \tag{2.85}$$

Der Prior-Term in Gleichung (2.82) wurde demnach durch die l_0-Norm der spärlichen Repräsentation α_i ersetzt. Es gilt $\log p(D\alpha_i) = - \sum_{i=1}^{L} \mu_i \|\alpha_i\|_0$, und somit sind unter dem Prior spärlichere Repräsentationen wahrscheinlicher. Bis auf den Vorfaktor $\frac{\beta}{2}$ entspricht die Minimierung von Gleichung (2.85) genau dem Problem aus Gleichung (2.76).

Die Lösung kann daher auf gleiche Weise wie in Abschnitt 2.2.2 erfolgen. Zuerst liefert die Optimierung von Gleichung (2.72) nach α_i eine Lösung für die spärlichen Repräsentationen und anschließend kann c wie in den Gleichungen (2.84) und (2.79) bestimmt werden.

In [19] wird die Wichtigkeit betont, die beiden Schritte der Updates für $\{z_i\}$ und $\hat{c}$ für steigende Werte von β zu iterieren, um auch die ursprünglichen Kosten aus Gleichung (2.81) zu verringern. Da EPLL mit einem spärlichen Prior äquivalent zu der Methode aus Abschnitt 2.2.2 ist, verhindert die Beschränkung auf eine Iteration dort offenbar noch bessere Ergebnisse bei der Bildentrauschung.

Das Iterieren des in diesem Unterkapitel beschriebenen Algorithmus mit steigenden Werten für β ist äquivalent zur Wiederholung der in Abschnitt 2.2.2 vorgestellten Lösung mit fallenden Werten für den Schwellwert T. Diese Werte können nach der ersten Iteration, wie in [19] vorgeschlagen, manuell gesetzt werden. In [15] entwickeln die Autoren ein anderes Verfahren, um einen geeigneten Schwellwert zu bestimmen. Dieses soll im Folgenden vorgestellt werden. Vorab sollte angemerkt werden, dass die Bestimmung des Schwellwerts zwar auf einer Schätzung des verbleibenden Rauschens beruht, jedoch eine präzise Schätzung nicht das Hauptziel ist. Analog zur Forderung $\beta \to \infty$, soll für spätere Iterationen $T \to 0$ gelten, was für das reale Rauschen nicht zu erfüllen ist. Für den Schwellwert in der ersten Iteration soll hier $T^1 = \sigma^2$ angenommen werden. Nach Gleichung (2.73) besteht T zusätzlich noch aus einem Faktor ϵ und der Anzahl der Pixel der Bildausschnitte. Diese sind konstant, sodass sie im Folgenden nicht betrachtet werden. Der tatsächliche Schwellwert für den OMP-Algorithmus ergibt sich zu $\hat{T}^1 = T^1 n\epsilon$.

Die Schätzung $\hat{z}^i = D\hat{\alpha}_i$ des i-ten Bildausschnitts kann nach einer Iteration des Algorithmus auch als Projektion der Hilfsvariablen z^i (also des Ausschnitts des verrauschten Bildes) auf die lineare Hülle der für die spärlichen Repräsentation ausgewählten Atome des Wörterbuchs ausgedrückt werden:

$$\hat{z}^i = D_{S_i} D_{S_i}^{\dagger} z^i. \tag{2.86}$$

Dabei bezeichnet $D_{S_i}^{\dagger}$ die Moore-Penrose-Pseudoinverse von D_{S_i} und S_i den Träger des Vektors $\boldsymbol{\alpha}_i$, also die Menge der Indizes der Komponenten von $\boldsymbol{\alpha}_i$, die von null verschieden sind (siehe Gleichung (2.77)). Dabei bezeichnet $\boldsymbol{D}_{S_i}$ die Matrix, die aus den entsprechenden Spalten des Wörterbuchs besteht. Der Bildausschnitt $\boldsymbol{z}^i = \boldsymbol{z}_0^i + \boldsymbol{\eta}^i$ kann als zusammengesetzt aus einem rauschfreien Ausschnitt $\boldsymbol{z}_0^i$ und einem Rauschanteil $\boldsymbol{\eta}^i$ ausgedrückt werden. Damit lässt sich Gleichung (2.86) auch als

$$\hat{\boldsymbol{z}}^i = \boldsymbol{D}_{S_i}\boldsymbol{D}_{S_i}^\dagger(\boldsymbol{z}_0^i + \boldsymbol{\eta}^i) \tag{2.87}$$

ausdrücken. Angenommen es gilt $\hat{\boldsymbol{z}}_0^i = \boldsymbol{D}_{S_i}\boldsymbol{D}_{S_i}^\dagger \boldsymbol{z}_0^i$, dann lässt sich der Rauschanteil in der Schätzung als $\hat{\boldsymbol{\eta}}_i^r = \boldsymbol{D}_{S_i}\boldsymbol{D}_{S_i}^\dagger \boldsymbol{\eta}_i$ schreiben. Unter der Annahme weißen Rauschens kann der mittlere quadratische Fehler eines Bildausschnitts über die Kovarianzmatrix als $\frac{1}{n}\mathrm{spur}(Cov(\hat{\boldsymbol{\eta}}_i^r))$ geschätzt werden. Damit ergibt sich in der k-ten Iteration:

$$(\hat{\sigma}_i^k)^2 = |S_i|\frac{(T^k)}{n}, \tag{2.88}$$

wobei $|S_i|$ die Mächtigkeit von S_i bezeichnet. Die Schätzung des verbleibenden Rauschens ist somit proportional zu der Anzahl der zur spärlichen Darstellung verwendeten Atome des Wörterbuchs.

Für eine pixelweise Schätzung des Rauschens im Bild werden die $(\hat{\sigma}_i^k)^2$ der einzelnen Bildausschnitte wie in den Gleichungen (2.79) und (2.84) gewichtet gemittelt:

$$\boldsymbol{R}^k = \left(\lambda T^k \boldsymbol{I} + \sum_{i=1}^{L} \boldsymbol{P}_i^T \boldsymbol{P}_i\right)^{-1} \left(\lambda T^k \boldsymbol{I} + \sum_{i=1}^{L} \boldsymbol{P}_i^T \mathbf{1}(\hat{\sigma}_i^k)^2\right). \tag{2.89}$$

Das Ergebnis $\boldsymbol{R}^k$ hat die gleiche Größe wie das Bild und enthält in jedem Eintrag die Schätzung des Rauschens für den korrespondierenden Pixel. Um einen einheitlichen Schwellwert (T^{k+1}) für alle Bildausschnitte zu finden, wird einfach der Modalwert von $\boldsymbol{R}^k$ bestimmt. Der Modalwert bezeichnet den häufigsten Wert aus den Einträgen in $\boldsymbol{R}^k$, wobei die Bestimmung über ein Histogramm erfolgt.

Im vorgestellten Algorithmus wird der Schwellwert zusätzlich mit einem Faktor δ multipliziert, welcher nur nach der ersten Iteration bestimmt wird. Dafür wird zunächst die Varianz des verbleibenden Rauschens geschätzt, wozu die Differenz zwischen den anhand des Wörterbuchs bestimmten Bildausschnitten und denen aus der aktuellen Schätzung des Bildes betrachtet wird:

$$\boldsymbol{r}^i = \boldsymbol{z}^i - \hat{\boldsymbol{z}}^i. \tag{2.90}$$

Die Varianz kann damit als

$$\tilde{\sigma}_i^2 = \sigma^2 - Var(\boldsymbol{r}^i) \tag{2.91}$$

geschätzt werden, wobei σ^2 das Rauschen im Ausgangsbild beschreibt und die Varianz als

$$Var(\boldsymbol{r}) = \frac{1}{n-1} \sum_{j=1}^{n} (r_j - \overline{r})^2 \tag{2.92}$$

berechnet wird mit dem Mittelwert $\overline{r}$.

Mit den Schätzungen $\tilde{\sigma}_i^2$ für jeden Bildausschnitt kann wiederum eine Mittlung auf das Bild wie in Gleichung (2.89) durchgeführt werden. Bezeichnet man den Modalwert des Ergebnisses dieser Mittlung als $\tilde{T}$, so lautet der Vorfaktor

$$\delta = \frac{\tilde{T}}{(T^2)}, \tag{2.93}$$

wobei T^2 den Schwellwert nach der ersten Iteration vor Anwenden des Korrekturfaktors bezeichnet. Der Schwellwert nach der k-ten Iteration lautet

$$T^{k+1} = \delta \cdot \boldsymbol{R}_{mod}^k, \tag{2.94}$$

wobei $\boldsymbol{R}_{mod}^l$ den häufigsten Wert in $\boldsymbol{R}^l$ bezeichnet.

3 Bildrekonstruktion

In diesem Kapitel soll die in dieser Arbeit durchgeführte Simulation einer MPI-Rekonstruktion vorgestellt werden. Dafür wird zunächst in Abschnitt 3.1 die Anpassung der im vorigen Kapitel vorgestellten Entrauschungsmethode für das Problem in MPI beschrieben. Nachfolgend widmet sich Abschnitt 3.2 detaillierter der konkreten Implementierung der im vorangegangenen Abschnitt entwickelten Methode, einschließlich verwendeter Parameter. Abschnitt 3.3 beschreibt das verwendete Wörterbuch und auf welchen Bildern es gelernt und die Simulation durchgeführt wurde. Abschließend stellt Abschnitt 3.4 die Vorgehensweise bei der Darstellung und Auswertung der Ergebnisse der Simulation vor.

3.1 EPLL mit spärlichem Prior für MPI

Die in Abschnitt 2.2.4 vorgestellte Methode der Bildentrauschung mit spärlichem Prior wurde zur Erzeugung der Ergebnisse in [15] auf mit weißem, gaußschen Rauschen versehenen Grauwertbildern angewendet. Gegenüber der ursprünglichen Formulierung der Methode sind einige Anpassungen nötig, um sie auf die Problemstellung der MPI-Rekonstruktion zu übertragen.

Mit den Gleichungen (2.55) und (2.56) lautet das inverse Problem in MPI

$$\tilde{u} = Sc + \eta \,. \tag{3.1}$$

Dieser Ausdruck ist äquivalent zu Gleichung (2.62) mit $A = S$. Im Folgenden wird Gleichung (3.1) im Zeitbereich betrachtet, sodass nun $S \in \mathbb{R}^{M \times N}$, $\tilde{u} \in \mathbb{R}^M$ und $c \in \mathbb{R}_+^N$ gilt, wobei $\mathbb{R}_+$ die positiven, reellen Zahlen einschließlich der Null bezeichnet. Da im Allgemeinen $M \neq N$ gilt, ist hierbei jedoch die für Gleichung (2.62) getroffene Annahme nicht erfüllt, dass der Messvektor die gleiche Größe wie das

Bild hat. Die zu minimierende Kostenfunktion lautet in diesem Fall

$$h_{\mu,\beta}(\boldsymbol{c}, \{\boldsymbol{\alpha}_i\} | \tilde{\boldsymbol{u}}) = \frac{\lambda}{2} \|\boldsymbol{S}\boldsymbol{c} - \tilde{\boldsymbol{u}}\|_2^2 + \sum_{i=1}^{L} \frac{\beta}{2} \|\boldsymbol{P}_i\boldsymbol{c} - \boldsymbol{D}\boldsymbol{\alpha}_i\|_2^2 + \mu_i \|\boldsymbol{\alpha}_i\|_0 \,. \tag{3.2}$$

Während der erste Term in der Gleichung bei einer Minimierung analog zu der in [15] unproblematisch ist, tritt in den letzten beiden Termen ein Problem auf. Da ein Spannungsvektor und kein Bild gemessen wird, ist ein Arbeiten mit spärlichen Repräsentationen zu Beginn des Algorithmus nicht direkt möglich. Es wird also eine Initialisierung für die Schätzung des Bildes benötigt. Ein leeres oder beliebiges Bild zu verwenden, das nicht von der Messung abhängt, führt in diesem Fall nicht zum Ziel. Erfolgt die Minimierung mit einer solchen initialen Schätzung analog zu der des ursprünglichen Algorithmus, würde zum einen die spärliche Kodierung der Bildausschnitte keine sinnvollen Ergebnisse ergeben. Ohne das gewünschte Ergebnisbild zu kennen, könnte darüber hinaus kein geeigneter Schwellwert, der vom Rauschniveau abhängen sollte, festgelegt werden. Zum anderen würde auch der zweite Teil der Minimierung, der die ursprüngliche Schätzung und die Ergebnisse der spärlichen Kodierung miteinander zu einem neuen Bild verrechnet, folglich auch keine sinnvolle Lösung ergeben.

Eine mögliche Lösung des Problems wäre, einen ähnlichen Algorithmus für die Entrauschung der gemessenen Spannung $\tilde{u}$ zu entwerfen und danach das Bild zu rekonstruieren. In der Realität ist allerdings auch die Systemmatrix verrauscht, so-dass ein rekonstruiertes Bild auch bei einem rauschfreien Messvektor mit Rauschen behaftet sein kann. Während dieser Fall in der Arbeit nicht betrachtet wird, lässt es diesen Ansatz als nicht praktikabel erscheinen.

Ein zweiter Ansatz besteht darin, zunächst mit einer anderen Methode eine Re-konstruktion mit dem verrauschten $\tilde{u}$ durchzuführen und das erhaltene Bild als initiale Schätzung zu nehmen. Dieses Vorgehen bleibt näher am ursprünglichen Algorithmus aus Abschnitt 2.2.4, in dem das verrauschte Bild als Initialisierung verwendet wird. Zudem ist ein Arbeiten auf Ausschnitten des Bildes möglich, was der Grundgedanke der vorgestellten Methoden ist und im Rahmen dieser auch gute Ergebnisse gezeigt hat. Daher wird in dieser Arbeit dieser Ansatz verfolgt, wobei der modifizierte Kaczmarz-Algorithmus für die initiale Rekonstruktion verwendet wird. Ein Problem könnte dabei das Rauschen darstellen. Nach der Rekonstruktion mit einem solchen Algorithmus ist für das erhaltene Bild zu erwarten, dass das ursprünglich weiße Rauschen aus Gleichung (3.1) eine Färbung erhält. Die verwendete Methode basiert jedoch auf der Annahme weißen Rauschens. Auch für die Tests zur Entrauschung wurde in [5], [15] und [19] weißes gaußsches Rauschen verwendet. Somit ist das Verhalten bei anderen Störungen unklar.

Mit dieser Schätzung kann nun die Minimierung von Gleichung (3.2) analog zu der Kostenfunktion aus Gleichung (2.85) vorgenommen werden. Die Minimierung nach $\{z_i\}$ bei festem c nimmt erneut die Form von Gleichung (2.74) an. Bei festem Wörterbuch D kann daher der OMP-Algorithmus verwendet werden, um α_i zu erhalten. Soll gleichzeitig das Wörterbuch aktualisiert werden, kann dies mittels des K-SVD Algorithmus [1] geschehen. Dieser besteht im Wesentlichen aus zwei Schritten. Der erste Schritt ist der Kodierungsschritt, in dem die spärlichen Repräsentationen α_i ermittelt werden. Im zweiten Schritt wird das Wörterbuch Spalte für Spalte aktualisiert, wobei auch wieder die Werte der Koeffizienten in α_i an das neue Wörterbuch angepasst werden. Dabei bleiben die gleichen Koeffizienten von null verschieden, die im ersten Schritt für die spärliche Darstellung ausgewählt wurden. Der Prozess dieser zwei Schritte kann iteriert werden.

Für den zweiten Schritt wird nur der Teil von Gleichung (3.2) betrachtet, der von c abhängig ist:

$$\tilde{h}_\beta(c|\tilde{u}) = \frac{\lambda}{2} \|Sc - \tilde{u}\|_2^2 + \sum_{i=1}^{L} \frac{\beta}{2} \|P_i c - D\alpha_i\|_2^2 \tag{3.3}$$

$$= \frac{\lambda}{2} \left(c^T S^T S c - 2\tilde{u}^T S c + \tilde{u}^T \tilde{u} \right)$$

$$+ \sum_{i=1}^{L} \frac{\beta}{2} \left(\alpha_i^T D^T D\alpha_i - 2\alpha_i^T D^T P_i c + c^T P_i^T P_i c \right). \tag{3.4}$$

Der Gradient dieser Funktion berechnet sich zu

$$\nabla \tilde{h}_\beta(c|\tilde{u}) = \lambda S^T S c - \lambda S^T \tilde{u} + \beta \sum_i \left(P_i^T P_i c - P_i^T D\alpha_i \right). \tag{3.5}$$

Der Gradient verschwindet im Minimum und so ist

$$0 = \lambda S^T S\hat{c} - \lambda S^T \tilde{u} + \beta \sum_i \left(P_i^T P_i \hat{c} - P_i^T D\alpha_i \right) \tag{3.6}$$

nach $\hat{c}$ aufzulösen, um als Schätzung für das Bild die Stelle zu erhalten, an der die

Kostenfunktion aus Gleichung (3.3) minimal ist. Dazu können zunächst die Terme, die $\hat{c}$ enthalten und die es nicht enthalten, auf verschiedene Seiten der Gleichung gebracht werden:

$$\lambda S^T S \hat{c} + \sum_{i=1}^{L} P_i^T P_i \hat{c} = \lambda S^T \tilde{u} + \beta \sum_{i=1}^{L} P_i^T D \alpha_i \,. \tag{3.7}$$

Schließlich ergibt sich nach Ausklammern von $\hat{c}$ und Invertieren des erhaltenen Vorfaktors

$$\hat{c} = \left(\lambda S^T S + \beta \sum_{i=1}^{L} P_i^T P_i \right)^{-1} \left(\lambda S^T \tilde{u} + \beta \sum_{i=1}^{L} P_i^T D \alpha_i \right) \,. \tag{3.8}$$

Dies ist wiederum Gleichung (2.83) mit $A = S$ und $z_i = D\alpha_i$. Die direkte Auswertung des Ausdrucks ist allerdings unpraktisch, da die Berechnung von $S^T S$ aufgrund der Größe der Systemmatrix viel Speicher benötigt und zudem aus numerischer Sicht problematisch ist. In [19] weisen die Autoren darauf hin, dass bei den Schritten zur Minimierung der Kostenfunktion auch approximative Methoden zum Einsatz kommen können, wenn diese die Kosten des jeweiligen Teilproblems senken. Hier soll ein Gradientenabstiegsverfahren zum Einsatz kommen, da dieses einfach ist und eine Approximation des Problems mit beliebiger Genauigkeit liefern kann. Im Rahmen des Verfahrens werden die Kostenfunktion aus Gleichung (3.3) sowie deren Gradient aus Gleichung (3.5) verwendet. Indem im ersten Term des Gradienten die Multiplikation als $S^T(Sc)$ durchgeführt wird oder die ersten beiden Terme in der Form $\lambda S^T(Sc - \tilde{u})$ berechnet werden, kann die direkte Auswertung des Terms $S^T S$ vermieden werden.

Der Schwellwert des Repräsentationsfehlers kann so bestimmt werden wie in Abschnitt 2.2.4 dargestellt. Eine zweite Möglichkeit, falls die Bestimmung im Falle dieses speziellen Problems fehlschlägt, stellt das Verringern des Schwellwerts in jeder Iteration um einen vorher festgelegten Faktor dar. Dafür muss eine geeignete Rate des Abfalls gefunden werden. Diese sollte unabhängig vom gewählten Bild sein, sodass der Algorithmus ohne Anpassen von Parametern angewendet werden kann.

3.2 Implementierung

Vorweg sei erwähnt, dass die in diesem Abschnitt festgelegten Parameter durch Ausprobieren ermittelt wurden. Das geschah auf einem Testbild, das nur dafür verwendet wurde und nicht Teil der Auswertung in Kapitel 4 ist. Es werden Teile der Implementierung von [15] verwendet. Die Simulation wurde in Matlab R2016a durchgeführt.

Für die initiale Schätzung wurde der modifizierte Kaczmarz-Algorithmus 1 nachimplementiert. Dabei werden für die Rekonstruktion 100 Iterationen und für den Regularisierungsparameter γ der Wert aus Gleichung (2.60) verwendet, welcher sich bei der für die Rekonstruktion verwendeten Systemmatrix auf ca. $1{,}17 \cdot 10^{-7}$ belief. Um die Rekonstruktion zu beschleunigen, können auch weniger Kaczmarz Iterationen durchgeführt werden. Beispielsweise erreichten 50 Iterationen die gleiche subjektive Bildqualität. Die Wahl einer hohen Iterationszahl soll hier sicherstellen, dass keine zusätzliche Regularisierung bereits vor Anwenden des vorgestellten Algorithmus geschieht.

Für die Erzeugung des rauschfreien Messsignals $\hat{u} \in \mathbb{R}^{3968}$ wird eine Systemmatrix der Größe 3968×250000 verwendet. Dementsprechend ist die Verteilung der Konzentration c ein Bild der Größe 500×500 in vektorisierter Form. Für die Rekonstruktion wird eine unterabgetastete und interpolierte Form der gleichen Systemmatrix genommen. Diese hat die Größe 3968×62500. Es wird somit ein Bild der Größe 250×250 rekonstruiert. Die Wahl verschiedener Systemmatrizen soll das sogenannte Inverse Crime vermeiden, in dem sie der Tatsache Rechnung trägt, dass die Rekonstruktion eine Diskretisierung der in Wirklichkeit aus dem Kontinuierlichen entstandenen Messung darstellt [7]. Die Systemmatrizen mit dem dazugehörigen Spannungsvektor beschreiben dabei ein System mit zwei Empfangskanälen. Das Bild, welches die wahre Konzentration zeigt, und das rekonstruierte Bild sind somit unterschiedlich groß. Somit können für die Bildqualitätsmaße in Abschnitt 3.4 nicht einfach diese beiden Bilder verglichen werden. Es muss eine andere Grundwahrheit mit der gleichen Größe gefunden werden. Hierfür wird das 500×500 -Bild herunterskaliert, indem jeweils vier Pixel des großen Bildes zu einem Pixel des 250×250 -Bildes gemittelt werden.

Der Schwellwert T^1 für den Repräsentationsfehler wird bei beiden Methoden für die erste Iteration als

$$T^1 = n(Var(\boldsymbol{c} - \hat{\boldsymbol{c}}))^{\frac{1}{2}} \tag{3.9}$$

initialisiert, wobei c die eben beschriebene Grundwahrheit darstellt. Somit wird einfach die wahre Standardabweichung berechnet und nach Gleichung (2.73) ist $\epsilon = 1$. Um der realen Situation gerecht zu werden, wird in den nachfolgenden Iterationen die Grundwahrheit nicht mehr für die Berechnung des Schwellwerts benutzt. Stattdessen wird dieser wie in Abschnitt 2.2.4 berechnet oder manuell als

$$T^{1+1} = 0,9 \cdot T^i \tag{3.10}$$

gesetzt. Die Rate des Abfalls wurde ebenfalls anhand eines Testbildes ermittelt.

Der Gradientenabstieg verwendet zur Bestimmung der Schrittweite die Armijo-Bedingung [10, S.33, 56-62]. Die Implementierung des Algorithmus zur Schrittweitenbestimmung wurde dabei von Marco Maaß vom *Institut für Signalverarbeitung* der Universität zu Lübeck zur Verfügung gestellt. Die übrigen freien Parameter in der Entrauschung sind als $\lambda = 0{,}5$ und $\beta = 1$ festgelegt.

Der Algorithmus kann in zwei unterschiedlichen Modi ausgeführt werden. Im ersten Modus bleibt das Wörterbuch fest und der OMP-Algorithmus liefert die spärlichen Repräsentationen. Im zweiten Modus wird zusätzlich das Wörterbuch auf der aktuellen Schätzung des Bildes gelernt. Das leistet der K-SVD-Algorithmus, welcher ebenfalls den OMP-Algorithmus für die spärliche Kodierung verwendet. Für beide Algorithmen wird die Implementierung aus [12] verwendet.

3.3 Bilddaten und Training des Wörterbuchs

Bei Methoden zur Entrauschung, die Repräsentationen durch ein Wörterbuch benutzen, kommt dessen Training eine entscheidende Bedeutung im Hinblick auf das Entrauschungspotential zu. Die Wahl der Größe der Bildausschnitte spielt dabei eine große Rolle. Die Anzahl der Beispiele, auf denen das Wörterbuch gelernt werden sollte, steigt jedoch sehr schnell an. Daher sind kleine Bildausschnitte wünschenswert, um die Größe der Datenbank für das Lernen des Wörterbuchs in einem angemessenen Rahmen zu halten. Auf der anderen Seite versprechen größere Bildausschnitte im Allgemeinen ein höheres Entrauschungspotential. In dieser Arbeit werden als Kompromiss zwischen diesen beiden Zielen Bildausschnitte der Größe 8×8 verwendet. [11]

Die für die Rekonstruktion verwendeten Bilder entstammen der DRIVE-Datenbank [14]. Die Datenbank enthält Bilder des Augenhintergrunds und die dazugehörigen segmentierten Bilder, die die Gefäße zeigen. Um die Bilder den in der Realität zu erwartenden Rekonstruktionen ähnlicher zu gestalten, werden als Testbilder für die Simulation Ausschnitte aus den segmentierten Bildern der Datenbank genommen. Diese werden auf die benötigte Größe von 500×500 hochskaliert und anschließend mit einem Mittelwertfilter der Größe 40×40 gefiltert, um aus den binären Bildern für die quantitative Messung in MPI realistischere Grauwertbilder zu machen.

Das Wörterbuch wird auf überlappenden 8×8 Bildausschnitten von 10 Bildern der Datenbank trainiert. Diese werden vor dem Training ebenfalls hochskaliert und mittelwertgefiltert. Die Skalierung erfolgt dabei um den Faktor 2,5. Damit stimmt der Faktor ungefähr mit dem überein, der für die Erzeugung der Testbilder benötigt wird. Die Trainingsdaten sind nach dieser Bearbeitung den Testdaten sehr ähnlich.

Vor dem Training wird das Wörterbuch als zweidimensionales, separierbares DCT-Wörterbuch der Größe 64×1024 initialisiert. Dazu wird zuerst ein eindimensionales Wörterbuch D^1 der Größe 8×32 gebildet. Die Bildungsvorschrift für das Element d^1_{lm} in der l-ten Zeile und m-ten Spalte lautet dabei

$$d^1_{lm} = \cos\left((l-1)(m-1)\frac{\pi}{32}\right) .$$

(3.11)

Im nachfolgenden Schritt werden alle Atome mittelwertbefreit und normiert. Lediglich das erste Atom bleibt nach dem Schritt aus Gleichung (3.11) unverändert. Das zweidimensionale Wörterbuch D erhält man aus dem Kronecker-Produkt der eindimensionalen Variante mit sich selbst:

$$D = D^1 \otimes D^1 .$$

(3.12)

Das erhaltene Wörterbuch dient als Initialisierung für den K-SVD-Algorithmus, in dem es mit einem erlaubten Repräsentationsfehler von $\epsilon = 1,15$ mit 15 Iterationen auf den Bildausschnitten gelernt wird. Beides geschieht mit den Implementierungen aus [12]. Mit den um den Faktor 2,5 hochskalierten Bildern ergeben sich mehr als $2 \cdot 10^7$ Bildausschnitte der Größe 8×8, auf denen das Wörterbuch trainiert wird. Dabei ist anzumerken, dass viele dieser Bildausschnitte aufgrund der Charakteristik der Bilder einfach nur schwarzen Hintergrund enthalten.

3.4 Methoden der Auswertung

In der in dieser Arbeit durchgeführten Simulation einer MPI-Rekonstruktion wird das Problem des additiven Rauschens aus Gleichung (2.55) betrachtet, wobei η mittelwertfreies, weißes, gaußsches Rauschen enthält. Die für alle Komponenten des Vektors gleiche Standardabweichung wird dabei so gewählt, dass die Spannung $\tilde{u}$ ein Signal-zu-Rausch-Verhältnis (*Signal-to-noise ratio*, SNR) von 30 dB aufweist. Aufgabe soll nun die Rekonstruktion eines möglichst rauschfreien Bildes sein.

Die Auswertung der Ergebnisse der Simulation besteht hauptsächlich aus dem Vergleich der rekonstruierten Bilder über die Iterationen hinweg mit dem Urpsrungsbild. Zudem bietet die initiale Schätzung mittels des Kaczmarz-Algorithmus direkt eine Vergleichsmöglichkeit mit einer aktuellen Rekonstruktionsmethode für MPI-Bilder.

Eine objektive Bewertung der Bildqualität ist mittels mathematisch definierter Maße möglich. Die Auswertung in dieser Arbeit benutzt hierzu das PSNR (*Peak signal-to-noise ratio*) und den SSIM (*Structural similarity index*).

Das PSNR wird zur Beurteilung der Ergebnisse in Entrauschungsaufgaben häufig verwendet. Daher wird es auch in dieser Arbeit betrachtet, um die Ergebnisse mit denen von anderen Methoden vergleichbar zu machen. Für die hier verwendeten 8-bit Bilder ist das PSNR zwischen der Schätzung $\hat{c}$ mit der Grundwahrheit c als

$$\text{PSNR}(\hat{c}, c) = 10 \log_{10} \frac{255}{MSE(\hat{c}, c)} \tag{3.13}$$

definiert. MSE bezeichnet den mittleren quadratischen Fehler (*Mean squared error*):

$$\text{MSE}(\hat{c}, c) = \frac{1}{N} \sum_{i=1}^{N} (\hat{c}_i - c_i)^2 . \tag{3.14}$$

Das PSNR basiert demnach auf der pixelweisen Differenz des gewünschten und des rekonstruierten Bildes. [2]

In der Auswertung wird an einigen Stellen statt des PSNR ein ΔPSNR angegeben. Das beschreibt die Differenz zwischen dem PSNR eines Bildes $\hat{c}$ und eines

Referenzbildes c_{ref}, welche die gleiche Grundwahrheit c haben:

$$\Delta\text{PSNR}(\hat{c}, c_{ref}) = \text{PSNR}(\hat{c}, c) - \text{PSNR}(c_{ref}, c).\tag{3.15}$$

In Kapitel 4 wird für das Referenzbild c_{ref} die Rekonstruktion aus dem modifizierten Kaczmarz-Algorithmus verwendet. Ein positiver Wert von $\Delta\text{PSNR}(\hat{c}, c_{ref})$ zeigt demnach eine Verbesserung des PSNR gegenüber dem Referenzbild an, ein negativer eine Verschlechterung.

Das zweite benutzte Maß für die Bildqualität, der SSIM [16, 17], wird zunächst für überlappende Bildausschnitte der Größe 8×8 berechnet. Für den i-ten Bildausschnitt $\hat{c}^i$ ist er als

$$\text{SSIM}(\hat{c}^i, c^i) = \frac{(2\mu_{\hat{c}^i}\mu_{c^i} + C_1)(2\sigma_{\hat{c}^i c^i} + C_2)}{(\mu_{\hat{c}^i}^2 + \mu_{c^i}^2 + C_1)(\sigma_{\hat{c}^i}^2 + \sigma_{c^i}^2 + C_2)}.\tag{3.16}$$

definiert. Dabei sind C_1 und C_2 Konstanten, die eine Instabilität bei Werten nahe null für Mittelwert und Standardabweichung verhindern sollen. Sie werden hier als $C_1 = (0{,}01 \cdot 255)^2$ und $C_2 = (0{,}03 \cdot 255)^2$ gesetzt. Die Standardabweichungen werden als

$$\sigma_{\hat{c}^i}^2 = \frac{1}{n-1}\sum_{k=1}^{n}(\hat{c}_k^i - \mu_{\hat{c}^i})^2, \quad \sigma_{c^i}^2 = \frac{1}{n-1}\sum_{k=1}^{n}(c_k^i - \mu_{c^i})^2$$

sowie

$$\sigma_{\hat{c}^i c^i}^2 = \frac{1}{n-1}\sum_{k=1}^{n}(\hat{c}_k^i - \mu_{\hat{c}^i})(c_k^i - \mu_{c^i})$$

berechnet. Der Mittelwert μ_{c^i} des i-ten Bildausschnitts lautet

$$\mu_{c^i} = \frac{1}{n}\sum_{k=1}^{n}c_k^i.$$

Der SSIM kann Werte im Bereich $[-1, 1]$ annehmen, wobei 1 den besten und -1 den schlechtesten Wert darstellt. Die aus der Berechnung in Gleichung (3.16) erhaltenen Werte werden danach gemittelt, um einen Wert für das gesamte Bild $\hat{c}$ zu erhalten. Bezeichne L die Anzahl der Bildausschnitte, so ergibt sich:

$$\text{SSIM}(\hat{c}, c) = \frac{1}{L}\sum_{i=1}^{L}\text{SSIM}(\hat{c}^i, c^i).\tag{3.17}$$

Damit wird berücksichtigt, dass Bilder im Allgemeinen nicht stationär sind und die Bildqualität oft räumlich variiert. Der SSIM berücksichtigt drei verschiedene Faktoren, die Störungen des Bildes darstellen. Mangelnde Korrelation zwischen den Bildern und Veränderungen in der Luminanz oder dem Kontrast sorgen für einen geringeren SSIM. Dieses Bildqualitätsmaß soll wegen dieser Eigenschaften eher mit dem subjektiven visuellen Eindruck übereinstimmen und eine umfassendere Beurteilung der Bildqualität ermöglichen als das PSNR. Daher wird es neben dem häufig verwendetem PSNR in dieser Arbeit betrachtet. Analog zu Gleichung (3.15) kann auch hier die Entwicklung des SSIM im Vergleich zu einem Referenzbild c_{ref} betrachtet werden:

$$\Delta \text{SSIM}(\hat{c}, c_{ref}) = \text{SSIM}(\hat{c}, c) - \text{SSIM}(c_{ref}, c) \,. \tag{3.18}$$

Neben den objektiven Maßen ist der visuelle Eindruck ebenfalls wichtig. Besonders im Kontext von medizinischen Bildern, die häufig von Menschen interpretiert werden, ist zu überprüfen, inwieweit die Ergebnisse der objektiven Maße mit dem subjektiven Eindruck übereinstimmen.

4 Ergebnisse und Diskussion

In diesem Kapitel werden die Ergebnisse der im vorigen Kapitel beschriebenen Simulation vorgestellt. Insgesamt kommen in der Auswertung vier Testbilder zum Einsatz. Diese Testbilder und deren Rekonstruktion mittels des modifizierten Kaczmarz-Algorithmus werden in Abschnitt 4.1 vorgestellt. In den darauf folgenden Abschnitten werden die Ergebnisse der Bildverbesserung mit dem in dieser Arbeit entwickelten Algorithmus vorgestellt. Dabei werden zunächst am Beispiel des ersten Testbildes diejenigen Ergebnisse behandelt, die einen Einfluss auf das Design des finalen Algorithmus haben. Somit widmet sich Abschnitt 4.2 den beiden verschiedenen Methoden zur Wahl des Schwellwerts für den Repräsentationsfehler. Abschnitt 4.3 vergleicht die Ergebnisse des Algorithmus mit verschiedenen Wörterbüchern. Betrachtet wurden dabei ein festes DCT-Wörterbuch, ein auf Beispielen gelerntes und ebenfalls festes Wörterbuch sowie ein während des Entrauschungsprozesses ständig angepasstes Wörterbuchs. Abschließend werden die Ergebnisse des Algorithmus mit den zuvor gefundenen besten Einstellungen auf den verschiedenen Testbildern in Abschnitt 4.4 evaluiert. In Abschnitt 4.5 wird die Stabilität des Algorithmus mit höheren Rauschniveaus betrachtet.

4.1 Testbilder und initiale Schätzung

Der Ausgangspunkt für die Rekonstruktion sind die vier ursprünglichen Bilder und die initiale Schätzung durch den modifizierten Kaczmarz-Algorithmus. Die auf die Größe des Rekonstruktionsergebnisses skalierten Versionen der Ausgangsbilder, die auch als Grundwahrheit für die Bildqualitätsmaße dienen, sind in den Abbildungen 4.1 und 4.2 jeweils auf der linken Seite zu sehen. Die Testbilder 1 und 2 enthalten überwiegend vertikal verlaufende Strukturen, wobei die Strukturen in Testbild 2 teils feiner sind und einen weniger geradlinigen Verlauf mit Abzweigungen und einer Überschneidung am rechten Bildrand aufweisen. Außerdem sind im

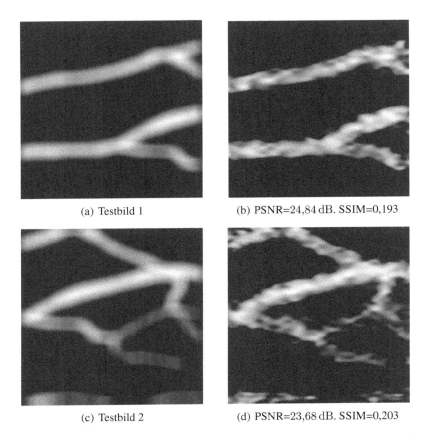

(a) Testbild 1

(b) PSNR=24,84 dB. SSIM=0,193

(c) Testbild 2

(d) PSNR=23,68 dB. SSIM=0,203

Abbildung 4.1: Die Grundwahrheiten der Testbilder 1 und 2 und rechts die dazugehörige Rekonstruktion durch den modifizierten Kaczmarz-Algorithmus mit 100 Iterationen

zweiten Bild mehr Strukturen an den Bildrändern vorzufinden. Die Strukturen in den Testbildern 3 und 4 nehmen insgesamt einen vertikalen bis diagonalen Verlauf durch das Bild an. Ähnlich wie bei den ersten beiden Bildern zeigt Testbild 3 zwei getrennte Gefäße, die bis auf eine Abzweigung am Bildrand recht geradlinig verlaufen, während Testbild 4 einen etwas komplexeren Verlauf und mehr räumliche Nähe der Gefäße aufweisen. Hier sind mehrere feine Abzweigungen, die von den zwei groben Strukturen abgehen, vorzufinden.

Die rechte Spalte der beiden Abbildungen zeigt jeweils das Rekonstruktionsergebnis mit dem verrauschten Spannungsvektor mit einem Rauschniveau von 30 dB durch den modifizierten Kaczmarz-Algorithmus. Diese Bilder bilden später die initiale

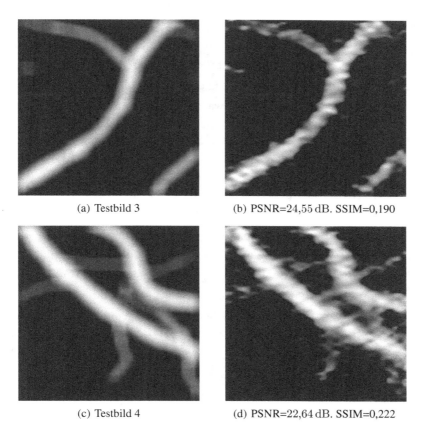

(a) Testbild 3   (b) PSNR=24,55 dB. SSIM=0,190

(c) Testbild 4   (d) PSNR=22,64 dB. SSIM=0,222

Abbildung 4.2: Die Grundwahrheiten der Testbilder 3 und 4 und rechts die dazugehörige Rekonstruktion durch den modifizierten Kaczmarz-Algorithmus mit 100 Iterationen

Schätzung des Entrauschungsalgorithmus. In sämtlichen rekonstruierten Bildern sind Störungen zu erkennen, die die Ränder der Gefäße ausfransen und die Gefäßstrukturen unterbrechen oder in ursprünglich homogenen Regionen Schwankungen in den Grauwerten hervorrufen. Der Effekt zeigt sich umso deutlicher, je kleiner und dunkler die Strukturen sind. Eigentlich zusammenhängende Gefäße erscheinen in der Rekonstruktion unzusammenhängend. Besonders betroffen sind die Testbilder 2 und 4, die viele dieser Strukturen enthalten. Dieser Eindruck spiegelt sich auch im PSNR wider, der für diese beiden Bilder unter 24 dB fällt. Der SSIM zeigt ein gegenteiliges Verhalten und nimmt für diese beiden Bilder Werte über 0,2 an. Das könnte daran liegen, dass die im Vergleich zu den ersten beiden Testbildern dickeren

Gefäße, die einen Großteil der Strukturen in diesen Bildern ausmachen, nicht so stark von den Störungen betroffen sind. Gröbere Strukturen und Abzweigungen werden in der Rekonstruktion bei allen Testbildern teilweise verdickt. In Kombination mit den Störungen ist so die Abzweigung des oberen Gefäßes in Abbildung 4.1(a) nicht mehr genau zu erkennen. Der schwarze Hintergrund weist kein Rauschen auf.

4.1.1 Diskussion

Die rekonstruierten Bilder zeigen eine Färbung des ursprünglich auf den Spannungsvektor addierten weißen Rauschens. Die Störungen resultieren in einer deutlichen Verschlechterung des visuellen Eindrucks, da im Ursprungsbild homogene Regionen durch niedrigere Grauwerte unterbrochen werden und sich auch der Verlauf von Kanten im Bild ändert. Bei Betrachtung durch den Menschen könnten beispielsweise die durch die Störungen enstehenden Einbuchtungen des großen Gefäßes in der Mitte in der Rekonstruktion von Testbild 2 für eine Verengung gehalten werden. Ein wünschenswertes Verhalten für die Bildverbesserung wäre daher, diese Strukturen zu homogenisieren. Die sehr kleinen Strukturen, die nach der Rekonstruktion teilweise unzusammenhängend erscheinen, sollten im Idealfall so weit wie möglich rekonstruiert werden. Falls sie so verrauscht sind, dass dies nicht möglich ist, kann auch die komplette Entfernung der Strukturen aus dem Bild erwünscht sein, da so ohnehin nicht viel medizinisch relevante Information zu entnehmen ist.

4.2 Vergleich der Schwellwertdesigns

Die Entwicklung des PSNR und des SSIM bei einem Rauschniveau von $30\,\mathrm{dB}$ und mit unterschiedlichen Schwellwerten für den Repräsentationsfehler ist in Abbildung 4.3 zu sehen. Die Methoden zur Schwellwertbestimmung sind zum einen das sogenannte manuelle Schwellwertdesign, bei dem der neue Schwellwert als Multiplikation des alten Schwellwerts mit einem festgelegten Faktor von 0,9 bestimmt wird. Zum anderen das Berechnen des Schwellwerts mit der Methode aus [15]. Dargestellt sind die Größen Δ PSNR und ΔSSIM aus den Gleichungen (3.15) und (3.18). Das Referenzbild ist die Rekonstruktion durch den modifizierten Kaczmarz, welche in der Grafik die Nulllinie bildet.

Auffällig ist die Ähnlichkeit des Verlaufs der zwei verschiedenen Bildqualitätsmaße.

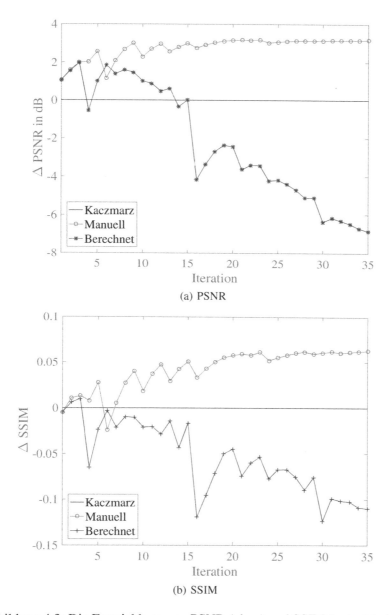

(a) PSNR

(b) SSIM

Abbildung 4.3: Die Entwicklung von PSNR (oben) und SSIM (unten) bei Testbild 1 für die beiden verschiedenen Methoden zur Wahl des Schwellwertes des Repräsentationsfehler bei Verwendung eines festen Wörterbuchs

In beiden Fällen unterscheidet sich die Bildqualität wenig bis kaum zwischen den Schwellwertdesigns in den ersten drei Iterationen. Die Bildqualität erhöht sich nach beiden Maßen. Anschließend nimmt die Entwicklung für die beiden Methoden unterschiedliche Verläufe an. Der manuelle Schwellwert übertrifft in der Folge stets den berechneten. Lediglich in Iteration 6 kann der berechnete den manuellen Schwellwert um 0,69 dB beim PSNR und um 0,021 beim SSIM überbieten. In den nachfolgenden Iterationen unterscheidet sich die Bildqualität immer deutlicher zwischen den Methoden. Nach der achten Iteration weisen die mit dem manuellen Schwellwert rekonstruierten Bilder stets eine Verbesserung gegenüber dem Ausgangsbild von mehr als 2 dB PSNR auf. Der berechnete Schwellwert erzielt nie eine größere Verbesserung als die in der dritten Iteration erreichten 1,98 dB, und nach der 15. Iteration hat das rekonstruierte Bild stets ein niedrigeres PSNR als das Referenzbild. Beim SSIM zeigt sich ein ähnliches Verhalten, wobei hier der berechnete Schwellwert bereits ab der vierten Iteration keine Verbesserung gegenüber der Rekonstruktion durch den Kaczmarz-Algorithmus mehr hervorbringt. Bis auf die Rekonstruktion in der sechsten Iteration führt der manuelle Schwellwert hingegen stets zu einem besseren Bild.

Die Entwicklung der Bildqualität weist beim manuellen Schwellwert zunächst eine Art Schwingung auf. Und zwar in dem Sinne, dass nach mehreren Iterationen der Verbesserung eine Verschlechterung des PSNR auftritt, bevor erneut über mehrere Durchläufe hinweg ein neuer Höchstwert erreicht wird. Dieses Schwingverhalten schwächt sich mit zunehmender Iterationsnummer ab. Ab Iteration 25 scheint das PSNR der Rekonstruktion gegen einen Wert von ca. 28 dB (gegenüber 24,84 dB des Ausgangsbildes) zu konvergieren. Diese Werte stellen auch gleichzeitig die maximale Verbesserung des PSNRs über die Iterationen dar. Der Verlauf des SSIM weist ein ähnliches Verhalten auf. Hier zeigt sich ebenfalls zunächst ein Schwingverhalten, bevor in den späteren Iterationen stabil die gleichzeitig besten Werte von ca. 0,255 erreicht werden, welche einer Verbesserung gegenüber dem Ausgangsbild von ca. 0,06 entsprechen.

Bei den berechneten Schwellwerten lassen sich ebenfalls Schwingungen erkennen. Jedoch sind die Verschlechterungen dort viel stärker ausgeprägt. Am stärksten tritt dieser Effekt bei Iteration 4 und 16 auf. Letztere weist einen Abfall des PSNR um mehr als 4 dB gegenüber der vorigen Iteration aus. Darüber hinaus treten auch neben den starken Verschlechterungen weitere kleinere Abfälle auf, sodass sich sowohl PSNR als auch SSIM insgesamt verschlechtern. Eine Stabilität ist auch nach späteren Iterationen im dargestellten Bereich nicht zu erkennen, auch wenn die Schwankungen schwächer werden.

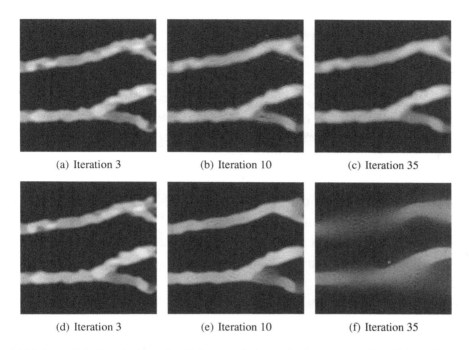

(a) Iteration 3   (b) Iteration 10   (c) Iteration 35

(d) Iteration 3   (e) Iteration 10   (f) Iteration 35

Abbildung 4.4: Ergebnisse der Rekonstruktion mit dem manuellen Schwellwert (oben) und dem berechneten (unten) nach jeweils 3, 10 und 35 Iterationen

In Abbildung 4.4 sind die rekonstruierten Bilder mit beiden Methoden zur Bestimmung des Schwellwerts nach verschiedenen Anzahlen an Iterationen dargestellt. Die Abbildungen 4.4(a) und 4.4(d) zeigen jeweils die Rekonstruktion nach der dritten Iteration, die nach Abbildung 4.3 eine initiale Verbesserung der Bildqualität darstellt. Die Bilder sind für beide Methoden sehr ähnlich, wie auch schon bei den Bildqualitätsmaßen. In beiden Fällen ist eine Reduktion der Störungen zu erkennen. Dennoch machen die Strukturen im Vergleich zur Grundwahrheit aus Abbildung 4.1(a) weiterhin einen inhomogenen und ausgefransten Eindruck.

In der in Abbildung 4.4(b) und 4.4(e) gezeigten zehnten Iteration verschlechtert sich das PSNR und SSIM. In Bild 4.4(b) mit dem manuellen Schwellwertdesign spiegelt sich dies durch Störungen an den Grenzen der Strukturen wider, die eine Art Umrandung bilden. Im untersten Gefäß nach der Abzweigung ist in einer ursprünglich homogenen Region zudem ein kleiner schwarzer Bereich zu sehen, der von etwas höheren Grauwerten umrandet ist. Auch an anderen Stellen sind im Inneren der Strukturen leichte Artefakte zu erkennen. Dennoch lässt sich erkennen, dass im übrigen Bild die Inhomogenitäten weiter reduziert werden und die Struktur der Abzweigung des oberen Gefäßes deutlicher als noch in Iteration 3 zu erkennen ist. In Abbildung 4.4(e) sind keine solchen Artefakte an den Grenzen zu erkennen. Das Bild erscheint stark geglättet. Die Inhomogenitäten und Ausfransungen sind zwar reduziert, allerdings wirkt das Bild in Regionen mit niedrigeren Grauwerten auch verwaschen, sodass beispielsweise die obere Abzweigung zu einer Struktur verschmilzt und die Gefäße nicht mehr zu unterscheiden sind.

Schließlich ist als Beispiel für die nach dem PSNR näherungsweise stabilen Lösungen in den späteren Iterationen in den Abbildungen 4.4(a) und 4.4(f) jeweils das Ergebnis der Rekonstruktion nach der 35. Iteration dargestellt. Hier wird der Unterschied in der resultierenden Bildqualität optisch sehr deutlich. Beim manuellen Schwellwert sind die Umrandungen und die Unterbrechung aus der 10. Iteration verschwunden und sämtliche Störungen aus dem durch den Kaczmarz-Algorithmus rekonstruierten Bild sind reduziert. Der Verlauf der Strukturen, inklusive der Abzweigung des oberen Gefäßes, ist klar zu erkennen und auch die Ausfransungen an den Rändern sind nicht mehr so stark ausgeprägt. Ein völlig anderes Bild zeigt der berechnete Schwellwert. Hier sind die Strukturen mittlerweile komplett verwaschen. Auch in den übrig gebliebenen beiden großen Strukturen scheint der Prozess der Auswaschung voranzuschreiten. Hier ist jeweils in der Mitte ein ähnliches Bild zu sehen wie bei der untersten Struktur in Iteration 10, die in dieser Iteration gar nicht mehr zu erkennen ist.

4.2.1 Diskussion

Aus den Ergebnissen geht klar hervor, dass die in [15] vorgestellte Methode zur Bestimmung des Schwellwerts für das vorliegende Problem nicht geeignet ist. Die Methode, den Abfall des Schwellwerts festzusetzen, liefert bessere Ergebnisse und eine höhere Stabilität über die Iterationen hinweg. Eine mögliche Erklärung dafür liefert Gleichung (2.88). Diese besagt, dass die Schätzung des verbleibenden Rauschens abhängig von der Anzahl der verwendeten Atome des Wörterbuchs ist. Jedoch schwankte in der Simulation die Anzahl teilweise auch bei der spärlichen Repräsentation von laut Bildqualitätsmaßen besseren Bildern. Das führt dazu, dass der Schwellwert nicht immer, wie gefordert, von Iteration zu Iteration absinkt. Die Ursache dafür könnte die Färbung des Rauschens sein, da das Modell auf der Annahme weißen Rauschens beruht. Die Störungen im Bild betreffen jedoch korreliert mehrere Pixel und bilden zum Teil neue Bildausschnitte, von denen denkbar ist, dass sie mit dem Wörterbuch auch mit geringem Repräsentationsfehler spärlich repräsentiert werden können. Daher muss eine Bildverbesserung nicht unbedingt einer geringeren Anzahl verwendeter Atome entsprechen.

Die Methode mit einer festgelegten Rate des Abfalls funktioniert hingegen überraschend gut. Die anfänglichen Schwingungen im Verlauf des PSNRs und SSIMs könnten darauf hindeuten, dass die gewählte Rate in manchen Iterationen nicht gut mit der tatsächlichen Reduktion des Rauschens übereinstimmt. Dass nach den Verschlechterungen eine Verbesserung über mehrere Iterationen hinweg auftritt, spricht dafür, dass der erlaubte Fehler vorher zu groß war. In dem Fall würde der OMP ungenaue spärliche Repräsentationen auswählen und in der Folge wäre auch die Rekonstruktion ungenauer. Damit wäre das Rauschen in der nächsten Iteration größer und der neue Schwellwert passender. Trotz dieses Verhaltens zeigt die Stabilität in den späteren Iterationen sowie die Bildqualität der Ergebnisse die grundsätzliche Eignung dieser Methode. Ein schwieriges Anpassen der Methode zur Berechnung des Schwellwerts, das ähnlich wie die Anpassung der Kostenfunktion aufgrund der Systemmatrizen schwierig zu berechnende Ausdrücke enthalten könnte, erscheint daher nicht sinnvoll.

Beim optischen Eindruck der Bilder ist das Verhalten des Algorithmus mit dem manuellen Schwellwert über die Iterationen hinweg besonders interessant. Die drei in Abbildung 4.4 dargestellten Bilder legen nahe, dass die durch Rauschen neu hinzugekommenen Störungen wie die Verdickung und Ausfransung am Rand sowie die Inhomogenitäten im Inneren zunächst Artefakte verursachen bzw. durch diese ersetzt werden. In den folgenden Iterationen werden sie anscheinend mitsamt der Störungen beseitigt. Eine Betrachtung der Bilder zeigt ein unregelmäßiges Auftreten solcher Artefakte, die im späteren, stabilen Teil des PSNR-Verlaufs jedoch verschwinden.

4.3 Vergleich der Wörterbücher

Die Ergebnisse für das ΔPSNR und ΔSSIM mit den in dieser Arbeit verwendeten Varianten des Wörterbuchs bei einem Rauschniveau von 30 dB sind in Abbildung 4.5 für den manuellen Schwellwert dargestellt. Die Referenz ist dabei erneut die Rekonstruktion durch den Kaczmarz-Algorithmus mit einem PSNR von 24,84 dB und einem SSIM von 0,193. Die rote Kurve (OMP) beschreibt jeweils das über die Iterationen konstant gehaltene Wörterbuch, welches auf Bildausschnitten von ähnlichen Beispielbildern gelernt wurde. Deren Verlauf ist in Abschnitt 4.2 bereits beschrieben. In Grün (OMP+DCT) ist der Verlauf für ein ebenfalls festes DCT-Wörterbuch gegeben. Dabei handelt es sich um das in Abschnitt 3.3 beschriebene Wörterbuch, das auch zur Initialisierung beim Training des gelernten Wörterbuchs verwendet wird. Die dritte, in Blau (K-SVD) dargestellte Variante beschreibt den Verlauf für das auf den verrauschten Bildausschnitten gelernte Wörterbuch, welches in jeder Iteration mittels des K-SVD Algorithmus aktualisiert wird.

Auffällig ist, dass zunächst in den ersten fünf Iterationen das fest gelernte Wörterbuch und das mit dem K-SVD Algorithmus aktualisierte einen ähnlichen Verlauf annehmen. Beide Verfahren erzielen eine ähnliche Verbesserung der Bildqualität gegenüber der Kaczmarz-Rekonstruktion, wobei das aktualisierte Wörterbuch knapp bessere Resultate bringt. Die Methode erzielt hier ihre besten Rekonstruktionsergebnisse über die gesamte Iterationen hinweg mit den höchsten Werten nach der fünften Iteration mit 27,23 dB und 0,229 SSIM. Das feste DCT-Wörterbuch schwankt in dieser Phase beim PSNR zwischen einer Verbesserung und Verschlechterung des PSNR und resultiert stets in einem schlechteren SSIM als die Referenz. Werte mit einer Spanne von 25,98 dB nach vier Iterationen bis 23,00 dB nach der ersten Iterationen werden hier erreicht. Auch der SSIM schwankt stark mit Werten von 0,173 und 0,108 in den gleichen Iterationen wie beim PSNR. Die Werte bleiben in dieser Phase dennoch stets unter denen der beiden anderen Wörterbücher.

Ab der achten Iteration zeigt sich ein anderes Bild. Hier resultiert die Rekonstruktion mit dem K-SVD Algorithmus in einer extremen Verschlechterung der Bildqualität um 3,68 dB PSNR und 0,113 SSIM gegenüber der aus der vorigen Iteration, sodass sie auch deutlich unter die des Ausgangsbildes fällt. In den nachfolgenden Iterationen verbessert sich die Bildqualität wieder, aber erreicht nicht mehr das Niveau der früheren Iterationen oder des trainierten festen Wörterbuchs. Das PSNR bleibt stets

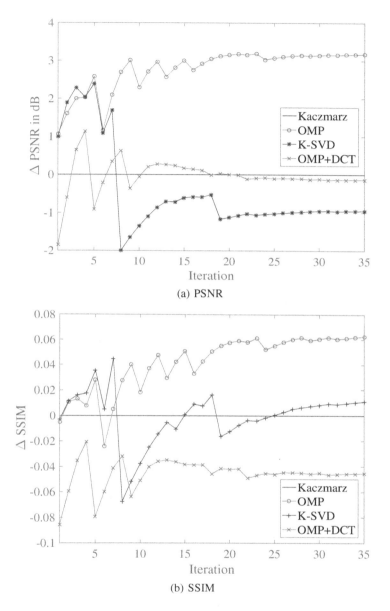

(a) PSNR

(b) SSIM

Abbildung 4.5: Die Entwicklung von PSNR (oben) und SSIM (unten) bei Testbild 1 für das auf Beispielen gelernte feste Wörterbuch (OMP), das auf dem verrauschten Bild gelernte Wörterbuch (K-SVD), sowie einem festen DCT-Wörterbuch (OMP+DCT). Das manuelle Schwellwert-design wurde verwendet

unter dem des Ausgangsbilds und stabilisiert sich ab Iteration 20 bei Werten um 23,8 dB. Es bleibt auch stets unter den Werten des DCT-Wörterbuchs, welche später mit 24,7 dB im Bereich des Ausgangsbildes liegen. Der SSIM hingegen zeigt mit Werten im Bereich von 0,2 eine leichte Verbesserung gegenüber dem Ausgangsbild und eine deutliche Verbesserung gegenüber den Ergebnissen des DCT-Wörtbuchs. Hier zeigen PSNR und SSIM ein unterschiedliches Verhalten. Jedoch liegt das gelernte feste Wörterbuch ab der achten Iteration nach beiden Qualitätsmaßen deutlich vor dem DCT-Wörterbuch und dem stetig angepassten Wörterbuch. Im stabilen Bereich liefert es Werte von 23,8 dB PSNR und 0,25 SSIM.

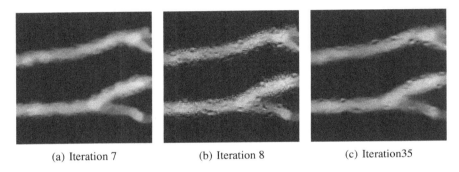

(a) Iteration 7   (b) Iteration 8   (c) Iteration35

Abbildung 4.6: Ergebnisse der Rekonstruktion mit dem in jeder Iteration aktualisierten Wörterbuch für den manuellen Schwellwert nach den Iterationen 7, 8 und 35

Die rekonstruierten Bilder für das in jeder Iteration angepasste Wörterbuch sind in Abbildung 4.6 dargestellt. Gezeigt sind in Abbildung 4.6(a) das Ergebnis nach der siebten Iteration, das Teil der initialen Verbesserung der Bildqualität ist, sowie das nach PSNR und SSIM deutlich schlechtere Bild aus der darauffolgenden Iteration in Abbildung 4.6(b). In Abbildung 4.6(c) ist mit dem Bild aus Iteration 35 schließlich ein Beispiel der stabilen Rekonstruktionsergebnisse zu sehen.

Das Bild nach der siebten Iteration ähnelt vom optischen Eindruck her demjenigen mit dem gelernten festen Wörterbuch aus Abbildung 4.4(b). Der Verlauf der Strukturen ist gut zu erkennen und die Inhomogenitäten sind gegenüber der Rekonstruktion durch den Kaczmarz-Algorithmus aus Abbildung 4.1(b) reduziert. Ähnlich wie beim gelernten festen Wörterbuch sind an den Gefäßgrenzen Störungen zu erkennen, hier nicht in Form einer Umrandung, sondern durch unscharfe Kanten. Auch sind die Bereiche der Kanten mit schwarzen Pixeln durchsetzt. In der darauffolgenden Iteration breiten sich diese Störungen auf die ganze Struktur aus. Die Strukturen sind durch zusätzliche, umrandende Störungen verdickt und von unregelmäßigen Artefakten durchzogen, sodass sie grobkörnig erscheinen. Nach der 35. Iteration in Abbildung 4.6(c) ist der grobkörnige Eindruck aus dem Bild verschwunden, aber es treten in den Randbereichen Artefakte auf. Die Strukturen sind immer noch verdickt und unschärfer gegenüber der Rekonstruktion aus der Abbildung 4.6(a).

4.3.1 Diskussion

Die Variante mit einem festen Wörterbuch liefert bessere Ergebnisse und eine höhere Stabilität als die beiden anderen Wörterbücher. Das ist zunächst überraschend, da [15] die Variante des Lernens auf dem verrauschten Bild als überlegen einstuft. Eine mögliche Erklärung dieses Verhaltens liegt in der Eignung des Wörterbuchs zur Darstellung des korrekten Bildes. Die in einer Angiographie zu erwartenden Bilder sind sich meist recht ähnlich und enthalten sehr ähnliche Strukturen. Im Vergleich dazu sind ohne Einschränkungen der Art der Bilder eine größere Vielfalt verschiedener Strukturen möglich. Daher sollte ein auf mehreren Beispielen gelerntes Wörterbuch gut geeignet sein. Hier wird es anhand von Darstellungen der gleichen Strukturen des Augenhintergrunds gelernt, wie sie das gesuchte Bild enthält. Eine Anpassung an das verrauschte Bild scheint nach diesen Ergebnissen nur während der ersten Iterationen kleine Vorteile zu bringen. Im Falle des additiven weißen Rauschens bleiben die Atome des Wörterbuchs bei der Anpassung auf das rekonstruierte Bild von den Strukturen her gleich, sind nur von Iteration zu Iteration weniger verrauscht [15]. Bei den vorliegenden Störungen werden jedoch auch Bildausschnitte als Zwischenergebnisse erzeugt, die nicht näher am Ursprungsbild sind. Ein Beispiel sind die unscharfen Kanten bei Iteration 7 in Abbildung 4.6(a). Eine Anpassung an dieses Zwischenergebnis resultiert daher scheinbar in einer Verschlechterung der Qualität des Wörterbuchs. Der Eindruck wird dadurch bestätigt, dass in weiteren Tests mehr Iterationen innerhalb des K-SVD-Algorithmus bereits zu einer früheren und deutlicheren Verschlechterung der Bildqualität führten. Der K-SVD-Algorithmus ist demnach nicht robust gegen solche Störungen. Im Gegensatz zur Methode mit dem festen Wörterbuch wirkt sich hier der teils nicht geeignete Schwellwert doppelt aus, zum einen in der Auswahl ungeeigneter spärlicher

Repräsentationen durch den OMP-Algorithmus und zum anderen in der Anpassung des Wörterbuchs an ebendiese Signale. Demnach ist anzunehmen, dass die bessere Eignung des festen Wörterbuchs für das vorliegende Problem eine Folge davon ist, dass das in [15] vorgestellte Verfahren zur Bestimmung des Schwellwertes in diesem Fall nicht funktioniert und mit dem manuellen Schwellwert eine nicht optimale Bestimmung dieses Werts erfolgen muss.

Aus den Ergebnissen geht hervor, dass ein auf Beispielen gelerntes Wörterbuch deutlich besser geeignet ist als das DCT-Wörterbuch. Bei dem in diesem Unterkapitel betrachteten Testbild ist das Lernen sogar notwendig, um überhaupt eine Verbesserung der Bildqualität in den späteren Iterationen zu erzielen. Die anfänglich besseren Ergebnisse des stetig angepassten Wörterbuchs gegenüber dem gelernten festen lassen vermuten, dass eine Anpassung des Wörterbuchs nur auf das ursprünglich rekonstruierte Bild leichte Vorteile bringen könnte. Die Verbesserungen sind nach SSIM und PSNR allerdings nur sehr gering und bei Betrachtung der Bilder eher nicht zu erkennen. Zudem ist die Methode ohne einen K-SVD Schritt weniger aufwendig.

4.4 Entrauschung mehrerer Bilder

In den Abschnitten 4.2 und 4.3 wurde festgestellt, dass das manuelle Schwellwertdesign und das feste, auf Beispielen gelernte Wörterbuch die aussichtsreichsten Einstellungen für den in dieser Arbeit entwickelten Entrauschungsalgorithmus bilden. In diesem Unterkapitel werden die Ergebnisse des Algorithmus mit ebendiesen Einstellungen für die vier verschiedenen Testbilder bei einem Rauschniveau von 30 dB vorgestellt.

Tabelle 4.1 zeigt die erreichten Höchstwerte von SSIM und PSNR über die 50 durchgeführten Iterationen der Rekonstruktionen. Das PSNR verbessert sich bei allen 4 Testbildern im Vergleich zum Ausgangsbild. Im Mittel wird dabei eine Verbesserung um 2,07 dB erreicht, wobei die Werte von 0,94 dB bei Testbild 4 und 3,19 dB bei Testbild 1 reichen. Auffällig ist, dass bei den gezeigten Beispielen ein Bild, das nach der Rekonstruktion durch den modifizierten Kaczmarz-Algorithmus ein höheres PSNR hat, eine größere absolute und relative Verbesserung durch den Entrauschungsalgorithmus erfährt. Bei den ersten drei Testbildern wird der höchste SSIM in den letzten Iterationen erreicht, während das PSNR nur bei Testbild 1 hier

Tabelle 4.1: PSNR und SSIM der besten Rekonstruktionsergebnisse bei 50 Iterationen mit festem Wörterbuch und manuellem Schwellwert. In Klammern angegeben ist die Nummer der Iteration, bei der das Ergebnis erreicht wurde

Bild	PSNR Kaczmarz	PSNR (Iteration)	SSIM Kaczmarz	SSIM (Iteration)
1	24,84	$28,03(23, 44-50)$	0,193	$0,258(45-50)$
2	23,68	$25,06(9)$	0,203	$0,243(47-50)$
3	24,54	$27,32(13)$	0,190	$0,232(48-50)$
4	22,64	$23,58(1)$	0,221	$0,248(1)$

seinen absolut höchsten Wert hat. Auch beim SSIM zeigt sich bei den Spitzenwerten für alle Testbilder eine Verbesserung. Hier beträgt die Differenz des SSIM zwischen Rekonstruktion und Ausgangsbild im Mittel 0,0435, wobei erneut der höchste Wert bei Testbild 1 mit 0,065 und der niedrigste bei Testbild 3 mit 0,027 erreicht wird. Hier ist allerdings kein Zusammenhang zwischen der Qualität des Ausgangsbildes und dem Grad der Verbesserung zu erkennen.

Abbildung 4.7 stellt den Verlauf der Bildqualitätsmaße über die Iterationen grafisch dar. Dieser weist bei allen Testbildern und beiden Maßen Gemeinsamkeiten auf. Innerhalb der ersten 20 Iterationen gibt es teils große Schwankungen der Bildqualität zwischen den einzelnen Iterationen. Dabei tritt ein starker Abfall der Bildqualität meist innerhalb einer Iteration auf und die anschließende Verbesserung passiert über mehrere Iterationen. Diese Schwankungen schwächen sich mit zunehmender Iterationszahl mehr und mehr ab, sodass die Werte für alle Bilder nach der 30. Iteration sehr stabile Werte annehmen. Diese späteren Werte stellen beim SSIM gleichzeitig die höchsten erreichten Werte dar. Eine Ausnahme bildet Testbild 4, bei dem der SSIM in der ersten Iteration den höchsten Wert hat. Allerdings sind auch hier, abgesehen von diesem Ausreißer, der Großteil der höchsten Werte in den späteren Iterationen vorzufinden. Das PSNR liefert nur bei Testbild 1 die absolut höchsten Werte bei hohen Iterationszahlen. Bei Testbild 3 liegt der Wert bei Iteration 50 allerdings auch nur 0,09 dB unter dem Spitzenwert aus der 9. Iteration. Mit Ausnahme des Ausreißers in der ersten Iteration bei Testbild 4 sind die späteren Werte bei Testbild 2 mit 24,4 dB am deutlichsten unter den Höchstwerten, welche in den Iterationen 4-8 im Bereich von 25,2 dB liegen. Allerdings steigt bei diesem Bild der SSIM bis zur 50. Iteration an.

Die Abbildungen 4.8 und 4.9 zeigen die besten Rekonstruktionsergebnisse nach

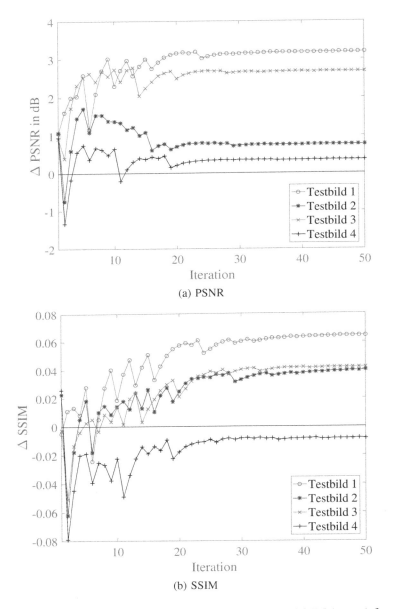

(a) PSNR

(b) SSIM

Abbildung 4.7: Die Entwicklung von PSNR (oben) und SSIM (unten) für alle vier Testbilder mit dem starren Schwellwert und dem gelernten festen Wörterbuch

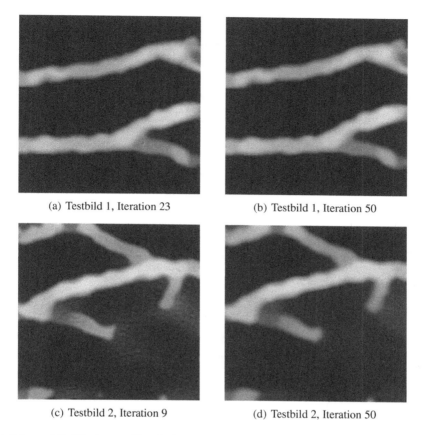

(a) Testbild 1, Iteration 23   (b) Testbild 1, Iteration 50

(c) Testbild 2, Iteration 9   (d) Testbild 2, Iteration 50

Abbildung 4.8: Die besten Ergebnisse der Rekonstruktion für das PSNR (links) und das SSIM (rechts) für die Testbilder 1 und 2

PSNR und SSIM von allen vier Testbildern. Da bei Testbild 4 beide Maße ihren höchsten Wert in der ersten Iteration annehmen, ist in Abbildung 4.9(d) das Ergebnis der letzten Iteration dargestellt, die bei allen anderen Testbildern den größten Wert des SSIM hervorbrachte.

Bei Testbild 1 sehen sich die Rekonstruktionen aus Abbildung 4.8(a) und 4.8(b) sehr ähnlich. Der größte Unterschied ist ein umrandeter schwarzer Punkt im untersten Gefäß nach der Abzweigung in der früheren Iteration. Dieser Artefakt ist in der letzten Iteration verschwunden. Im Vergleich zu der Kaczmarz-Rekonstruktion aus Abbildung 4.1(b) ist eine deutliche Verbesserung zu erkennen. Die Grauwerte im Inneren der Strukturen sehen denen der Grundwahrheit in Abbildung 4.1(a)

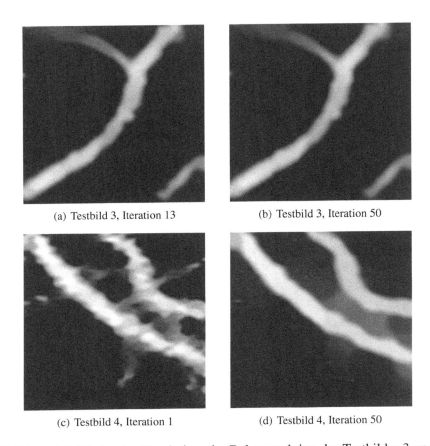

(a) Testbild 3, Iteration 13 (b) Testbild 3, Iteration 50

(c) Testbild 4, Iteration 1 (d) Testbild 4, Iteration 50

Abbildung 4.9: Die besten Ergebnisse der Rekonstruktion der Testbilder 3 und 4. In der linken Spalte sind die Bilder mit dem höchsten PSNR und bei Testbild 4 auch dem höchsten SSIM dargestellt. Rechts sind die Bilder nach der 50. Iteration zu sehen, wobei Testbild 3 den höchsten SSMI aufweist

ähnlicher und auch die Form der Gefäße ist nun klarer zu erkennen. Ein sichtbarer Unterschied zum wahren Bild ist die weniger klare Trennung der Gefäße bei der oberen Abzweigung, die jedoch deutlicher als bei der Rekonstruktion durch den Kaczmarz-Algorithmus zu sehen ist. Die Änderung des Kantenverlaufs konnte ebenfalls nicht ganz beseitigt werden. Ursprünglich gerade Kanten verlaufen immer noch etwas wellenförmig.

Die zweite Zeile der Abbildung 4.8 zeigt die Ergebnisse der Rekonstruktion von Testbild 2. Auffällig ist hierbei, dass die dünnen Gefäße mit niedrigen Grauwerten in der Mitte und am unteren Rand des Bildes aus Abbildung 4.1(c) fast gänzlich verschwunden sind. In Iteration 9 sind als Überbleibsel dieser Strukturen noch von Artefakten durchzogene Bereiche mit sehr niedrigen Grauwerten zu erkennen, die später ganz verschwunden sind. Ein Blick auf die initiale Schätzung in Abbildung 4.1(d) zeigt, dass in der Entrauschung die nicht rekonstruierten Strukturen diejenigen sind, die sich dort aus nicht zusammenhängenden, länglichen Strukturen zusammensetzen. Die helleren und dickeren Strukturen im Bild werden jedoch gut rekonstruiert. Wie schon bei Testbild 1 sind in der früheren Iteration noch Artefakte in den eigentlich homogenen Bereichen zu erkennen, die nach der letzten Iteration gänzlich verschwunden sind. Auch erscheint das Bild insgesamt etwas dunkler. Besonders Bereiche mit bereits im Ursprungsbild niedrigen Grauwerten erscheinen in der Rekonstruktion noch einmal dunkler. Das tritt hier am oberen Bildrand und in dem unteren Gefäß der Abzweigung am linken Bildrand auf. Allerdings erscheinen die Strukturen wieder zusammenhängend im Gegensatz zur Rekonstruktion aus Abbildung 4.1(d).

Die Rekonstruktion von Testbild 3 zeigt eine zusätzliche Glättung des Bildes von der früheren Iteration in Abbildung 4.9(a) zu Abbildung 4.9(b). Vor allem die weitere Reduktion der Störungen an den Gefäßgrenzen fällt ins Auge. Das im Ausgangsbild aus Abbildung 4.2(a) recht dunkle und dünne Gefäß bei der Abzweigung wird da gut rekonstruiert, wo es nach der ursprünglichen Rekonstruktion in Abbildung 4.2(b) noch zusammenhängend erscheint. Zum linken oberen Bildrand hin, wo auch der Kaczmarz-Algorithmus zunehmend schlechter bis gar nicht mehr rekonstruiert, verschwindet die Struktur. Die schon im Ausgangsbild sehr dunkle und unscharfe Struktur, die durch den Kaczmarz-Algorithmus als zwei helle, längliche Bereiche rekonstruiert wird, ist nach der Entrauschung etwas verkleinert noch zu erahnen. Deutlicher ist dies jedoch bei der früheren Iteration.

Für Testbild 4 ist Abbildung 4.9(c) das beste Rekonstruktionsergebnis nach PSNR und SSIM, das schon in der ersten Iteration und nur dort erreicht wird. Während die Strukturen noch deutlich die Störungen aus Abbildung 4.2(d) enthalten, sind die von den beiden großen Gefäßen abgehenden Strukturen in etwas geglätteter Form im Bild enthalten. In dem Bild aus der späteren Iteration in Abbildung 4.9(d) werden die großen Strukturen wie bei den anderen Testbildern gut rekonstruiert. Von den anderen Strukturen bleiben nur die untere zwischen den beiden großen Gefäßen deutlich und die am rechten unteren Bildrand sehr verschwommen zurück.

Ein klarer Verlauf ist nicht auszumachen. Das ist allerdings auch bei der Rekonstruktion durch den Kaczmarz-Algorithmus der Fall und schon bei der Grundwahrheit schwierig. Dieses Bild enthält als einziges der vier betrachteten auch nach der 50. Iteration des Algorithmus noch einige Artefakte. Diese ähneln denjenigen, die bei der Auswaschung der feinen Strukturen in Abbildung 4.8(c) auftreten.

Zum Vergleich sollen auch kurz die Ergebnisse der unveränderten Implementierung aus [15] angeführt werden. Als verrauschtes Bild dient dabei die Kaczmarz-Rekonstruktion von Testbild 1. Hier zeigte sich ein maximales PSNR von 26,97 dB nach der sechsten Iteration. Somit ist die Verbesserung des Bildes um 1,06 dB geringer als bei der hier vorgestellten Methode. Diese Verbesserung wird nur einmal erreicht. In den späteren Iterationen verschlechtert sich das PSNR nach Erreichen des Höchstwerts, sodass bei Iteration 50 nur noch 16,89 dB vorliegen. Der SSIM zeigt einen ähnlichen Verlauf. Hier findet sich mit 0,221 eine höchste Verbesserung, die um 0,37 geringer ausfällt als mit dem Algorithmus dieser Arbeit. Der Wert des SSIM nach der 50. Iteration beträgt 0,055.

4.4.1 Diskussion

Die Ergebnisse des Algorithmus auf den verschiedenen Testbildern zeigen, dass der vorgestellte Algorithmus zur Verbesserung der Bildqualität und des visuellen Eindrucks geeignet ist. Das einzige Bild, das nach den Bildqualitätsmaßen in den späteren Iterationen nicht eindeutig verbessert wurde, ist Testbild 4. Der Grund dafür liegt in der fast völligen Auswaschung derjenigen Strukturen, die durch den Kaczmarz-Algorithmus nicht als zusammenhängende Strukturen rekonstruiert werden. In dem Fall sind dies kleine, dunkle und auch unscharfe Strukturen, die in einer echten Konzentrationsverteilung so nicht unbedingt zu erwarten sind, die aber in diesem Testbild zahlreich enthalten sind. Dadurch erklärt sich der Verlauf des PSNR und SSIM bei diesem Bild, da komplett fehlende Strukturen hier eine Verschlechterung gegenüber fehlerhaften Strukturen am richtigen Ort bewirken. Der optische Eindruck ist auch bei dem Bild bei der späten Iteration besser, da die verbleibenden Strukturen deutlich weniger Rauschen aufweisen. Somit wird die mögliche Qualität bzw. die Anzahl der rekonstruierbaren Strukturen durch die initiale Schätzung limitiert. Hier könnten noch andere Algorithmen getestet werden. Auch könnten die Parameter λ und β aus Gleichung (3.2) den Erhalt von

Strukturen beeinflussen, da die Kosten bei jeder Iteration, auch bei Verschlechterung der Bildqualität, reduziert werden. Die Festlegung dieser Parameter geschah durch Tests auf einem Bild, das aus gröberen Strukturen besteht. Eine systematische Festlegung, die auch die problematischen Strukturen mit einbezieht, bietet hier noch Raum zur Verbesserung der Methode.

Die Ergebnisse aus Tabelle 4.1 legen zunächst nahe, dass es schwierig zu bestimmen ist, nach welcher Iteration der Algorithmus zur Entrauschung beendet werden sollte. Sieht man sich den Verlauf der Qualitätsmaße über die Iterationen hinweg an, so ist jedoch klar, dass 30 bis 50 Iterationen gewählt werden sollten. Zum einen verhält sich die Bildqualität in dieser Phase sehr stabil, sodass bei einer festgelegten Iterationszahl das Risiko geringer ist, eine der schlechteren Rekonstruktionen aus dem Bereich der anfänglichen Schwankungen zu erhalten. Zum anderen wird der SSIM bei allen Bildern mit späteren Iterationen besser. Eine Ausnahme bildet die erste Iteration bei Testbild 4, die aber dadurch zu erklären ist, dass dieses Bild viele durch den Kaczmarz-Algorithmus sehr schlecht rekonstruierte Strukturen enthält.

Schwankungen des PSNR und SSIM in den früheren Iterationen zeigen sich bei allen vier Testbildern. Wie bereits angesprochen, könnte das an einem in dieser Iteration unpassenden Schwellwert liegen. Allerdings treten die Verschlechterungen bei den Bildern nicht bei den gleichen Iterationszahlen auf. Daher ist auch anzunehmen, dass der Anteil des verbleibenden Rauschens von Bild zu Bild unterschiedlich ist. Ein festgelegter Abfall des Schwellwerts wird demnach nicht zur Eliminierung dieser Schwankungen führen. Dennoch könnte eine geeignetere Modellierung des erwarteten Verlaufs des Schwellwerts die Ausprägung dieses Verhalten reduzieren.

Wie gut die Ergebnisse vor dem Hintergrund einer Anwendung im medizinischen Bereich sind, muss noch genauer untersucht werden und hängt auch von der Zielsetzung ab. So sind die Teile der Bilder, die durch den Kaczmarz-Algorithmus größtenteils zusammenhängend dargestellt werden, nach dem Entrauschungsprozess näher an der realen Verteilung der Grauwerte und damit der Partikelkonzentration. Die Grenzen der Gefäße werden gut dargestellt und Bereiche mit niedrigeren Grauwerten heben sich gut ab. Daher sollten diese Bilder geeignet sein, wenn es um die Detektion von Gefäßverengungen und Durchblutungsstörungen geht. Im Gegensatz dazu hat der Kaczmarz-Algorithmus eine höhere Sensitivität. Er stellt in allen Regionen mit einer messbaren Partikelkonzentration (also Grauwerten ungleich Null in der Grundwahrheit) etwas dar, auch wenn es teils sehr schlecht bis gar nicht zu erkennen ist, um welche Art von Struktur es sich handelt. Jedoch kann die Information, dass in einem bestimmten Gebiet überhaupt eine Konzentration vorliegt, wichtig sein. So können beispielsweise Einblutungen oder Gefäßneubildungen zumindest vermutet werden, wenn Partikel in einem Bereich detektiert werden, in dem sie nicht erwartet werden. Dadurch dass die Methode zur Entrauschung als Nachbearbeitungsschritt in den Rekonstruktionsalgorithmus eingebettet ist, ist es allerdings auch möglich, auf diesen zu verzichten, falls eine höhere Sensitivität auf Kosten der subjektiven und objektiven Bildqualität erwünscht ist. Ein Test auf realen MPI-Bildern ist daher in jedem Fall zu empfehlen.

Die Ergebnisse dieses Unterkapitels nutzen das manuelle Schwellwertdesign. Da der Schwellwert in jeder Iteration um einen festen Faktor reduziert wird, kann diese Methode nur Näherungen an den eigentlich erwünschten Schwellwert abgeben. Die guten Ergebnisse und hohe Stabilität dieses Designs lassen darauf schließen, dass eine solche approximative Methode ausreichend ist. Damit scheint der Algorithmus auch für reale Bedingungen geeignet, in denen das saubere Bild, das in der Arbeit zur Berechnung des initialen Schwellwerts verwendet wurde, nicht bekannt ist. Hier müsste eine Schätzung des Rauschens vorgenommen werden. Ein Beispiel dafür ist die Berechnung des zu erwartenden Rauschens wie in [18].

4.5 Stabilität gegenüber Rauschen

Bisher wurde in diesem Kapitel stets ein Rauschniveau des Messignals von 30 dB betrachtet. In diesem Kapitel soll zusätzlich das Verhalten für höhere Rauschniveaus, die in einem SNR des Messignals von 25 dB und 20 dB resultieren, untersucht werden. Abbildung 4.10 zeigt die Ergebnisse des PSNR und SSIM bei Testbild 1 mit dem gelernten festen Wörterbuch und dem manuellen Schwellwert. An der Iteration 0 sind dabei die Werte der Rekonstruktion durch den Kaczmarz-Algorithmus aufgetragen.

Zunächst fällt auf, dass die Kurven für die drei verschiedenen Rauschniveaus bei beiden Qualitätsmaßen ähnliche Verläufe annehmen. In den früheren Iterationen kommt es zu Schwankungen der Bildqualität, die mit späteren Iterationen immer geringer werden. Die Kurve des PSNR für das SNR von 20 dB hört am frühesten auf zu schwanken. Bereits nach 15 Iterationen stabilisieren sich die Werte. Sieht man von einem kleineren Abfall bei Iteration 30 ab, lässt sich ein ähnliches Verhalten

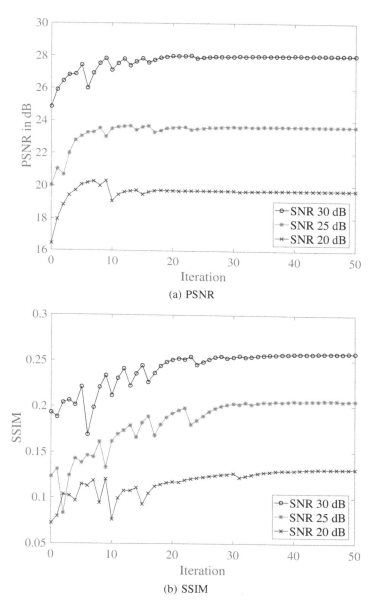

(a) PSNR

(b) SSIM

Abbildung 4.10: Die Entwicklung von PSNR (oben) und SSIM (unten) des rekonstruierten Bildes für Rauschniveaus des Messignals von 30, 25 und 20 dB bei Testbild 1

beim SSIM erkennen. Eine Verbesserung der Bildqualität gegenüber der Kaczmarz-Rekonstruktion ist mit Ausnahme von einzelnen Werten in den frühen Iterationen beim SSIM stets zu erkennen.

Ein Blick auf die erreichten Werte macht die Verbesserung deutlich. Hier sollen die Werte aus der Kaczmarz-Rekonstruktion mit denen aus der 50. Iteration verglichen werden, da sich der Algorithmus hier stabil verhält. Bei einem SNR von $30\,\mathrm{dB}$ verbessert sich das PSNR von $24,84\,\mathrm{dB}$ auf $28,03\,\mathrm{dB}$, was einer Erhöhung von $3,19\,\mathrm{dB}$ entspricht. Bei einem Rauschniveau von $25\,\mathrm{dB}$ wird das PSNR von der Kaczmarz-Rekonstruktion mit $20,02\,\mathrm{dB}$ durch den Algorithmus um $3,62\,\mathrm{dB}$ auf $23,64\,\mathrm{dB}$ erhöht. Eine ähnlich große Verbesserung des PSNR um $3,24\,\mathrm{dB}$ wird bei einem Rauschniveau von $20\,\mathrm{dB}$ erreicht. Hier steigt der Wert von $16,46\,\mathrm{dB}$ auf $19,70\,\mathrm{dB}$. Auch der SSIM wird durch den Algorithmus bei jedem betrachteten Rauschniveau verbessert. Hier wird bei $30\,\mathrm{dB}$ SNR eine Verbesserung um $0,065$ erreicht. Bei einem SNR von $25\,\mathrm{dB}$ ist sie mit $0,081$ sogar noch höher. Schließlich wird der SSIM bei einem Rauschniveau von $20\,\mathrm{dB}$ von $0,072$ auf $0,131$ erhöht. Das bedeutet eine Verbesserung des SSIM um $0,059$.

In Abbildung 4.11 sind die Rekonstruktionsergebnisse für die Rauschniveaus von $25\,\mathrm{dB}$ und $20\,\mathrm{dB}$ dargestellt. Bei den Rekonstruktionen durch den Kaczmarz-Algorithmus in den Abbildungen 4.11(a) und 4.11(c) werden die Störungen mit zunehmendem Rauschen stärker. Die Grauwerte in den Gefäßen schwanken extremer, sodass die Strukturen in Abbildung 4.11(c) nur noch aus verbundenen, hellen Flecken bestehen. In beiden Bildern ist die Abzweigung des oberen Gefäßes nicht mehr von einem Artefakt zu unterscheiden.

Die Rekonstruktionen durch den Entrauschungsalgorithmus auf der rechten Seite in Abbildung 4.11 wirken deutlich homogener und damit dem Ausgangsbild aus Abbildung 4.1(a) ähnlicher. Die Unterbrechung des oberen Gefäßes in Abbildung 4.11(b) ist die auffälligste Störung, die bei einem Rauschniveau von $25\,\mathrm{dB}$ übrig bleibt. Des Weiteren ist die obere Abzweigung nicht zu erkennen. Statt zweier Gefäße wird hier der Eindruck eines größeren mit niedrigeren Grauwerten erweckt. Das unterste Gefäß weist auch einen Bereich sehr niedriger Grauwerte auf. Sämtliche Artefakte befinden sich an Stellen, die durch den Kaczmarz-Algorithmus nicht oder sehr schlecht rekonstruiert werden. Die Gefäßgrenzen sehen denen im Ausgangsbild ähnlicher. Bei einem Rauschniveau von $20\,\mathrm{dB}$ treten insgesamt mehr Störungen auf. Hier sind Unterbrechungen der Strukturen an mehreren Stellen zu

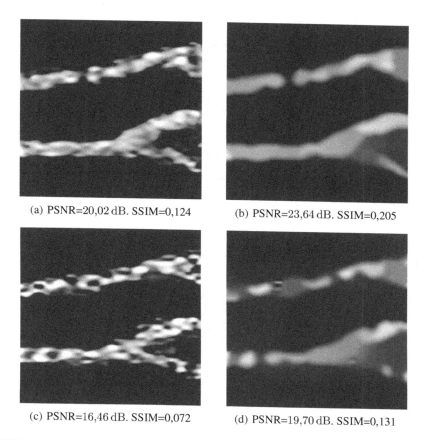

(a) PSNR=20,02 dB. SSIM=0,124

(b) PSNR=23,64 dB. SSIM=0,205

(c) PSNR=16,46 dB. SSIM=0,072

(d) PSNR=19,70 dB. SSIM=0,131

Abbildung 4.11: Testbild 1 für Rauschniveau von 25 dB(oben) und 20 dB(unten). Auf der linken Seite die Rekonstruktion durch den Kaczmarz-Algorithmus, auf der rechten die des Entrauschungsalgorithmus nach 50 Iterationen

erkennen. Die Regionen innerhalb der Gefäße sind zwar homogener als nach der Rekonstruktion mit dem Kaczmarz-Algorithmus, jedoch deutlich inhomogener als in Abbildung 4.11(b).

4.5.1 Diskussion

Die Ergebnisse zeigen, dass sich der entwickelte Algorithmus stabil gegenüber erhöhten Rauschniveaus verhält. Eine Verbesserung des rekonstruierten Bildes um mehr als 3 dB PSNR wird stets mit stabilen Werten in den späteren Iterationen erreicht. Der Algorithmus funktioniert zudem ohne Anpassung von weiteren Parametern außer dem Rauschniveau, was ermutigend für eine mögliche Anwendung in der Praxis ist. Hier kann es auch, je nach Scanner, unterschiedlich starkes Rauschen geben.

Der optische Eindruck bestätigt die Beobachtung, dass die Ergebnisse der Entrauschung durch die Rekonstruktion des Kaczmarz-Algorithmus limitiert werden. Sämtliche Strukturen, die nicht näher am Ursprungsbild sind, können bereits beim Kaczmarz-Algorithmus nicht klar erkannt werden. Die auffälligsten Störungen bestehen aus Unterbrechungen der Gefäße und verschlechtern den optischen Eindruck erheblich. Bei der Wahl eines anderen Rekonstruktionsalgorithmus für die initiale Schätzung sollte darauf geachtet werden, dass dieser andere Störungen aufweist, mit denen der Entrauschungsalgorithmus noch besser funktionieren könnte.

5 Zusammenfassung und Ausblick

Die Magnetpartikelbildgebung ist ein bildgebendes Verfahren, das die Konzentration superparamagnetischer Nanopartikel in einem Volumen darstellt. Mehrere Eigenschaften machen die Methode für eine Anwendung in der Medizin interessant. Sie ist quantitativ und schnell mit einer hohen räumlichen Auflösung sowie hoher Sensitivität. Das magnetische Material wird dabei in den Patienten injiziert, sodass die Methode insbesondere zur Darstellung von Blutgefäßen geeignet ist. Die gemessene Größe ist eine Spannung, die durch Änderungen der Magnetisierung der Nanopartikel induziert wird. Das bildgebende System kann durch eine Systemmatrix beschrieben werden. Die Messung ist jedoch verrauscht und so werden zur Bildrekonstruktion häufig iterative Methoden wie der Kaczmarz-Algorithmus eingesetzt. Diese bieten zwar die Möglichkeit einer Glättung des Bildes durch Regularisierung, aber es gehen in der Regel auch Details verloren. Daher sollte in dieser Arbeit untersucht werden, ob ein zusätzlicher Entrauschungsschritt die Rekonstruktion verbessern könnte.

Es wurde ein Algorithmus zur Entrauschung entwickelt, der auf der in [15] vorgestellten Methode basiert. In einer Iteration werden dabei die spärlichen Repräsentationen aller überlappenden Bildausschnitte gebildet. Die so entrauschten Ausschnitte werden daraufhin so zu einem Gesamtbild zusammengerechnet, dass dessen expected patch log likelihood maximiert wird. Diese beiden Vorgänge werden für fallende Schwellwerte des Repräsentationsfehlers wiederholt. Als initiale Schätzung des Bildes wird die Rekonstruktion durch den Kaczmarz-Algorithmus verwendet.

Zudem wurde eine Simulation einer MPI-Rekonstruktion mit Entrauschung durch den vorgestellten Algorithmus durchgeführt. Dafür wurden Ausschnitte von Bildern der Gefäße des Augenhintergrunds verwendet [14]. In der Simulation stellte sich heraus, dass ein um einen vorgegebenen Faktor abfallender Schwellwert für den Repräsentationsfehler besser geeignet ist als der wie in [15] berechnete. Die Ursache dafür könnte die Färbung des auf den Messvektor addierten weißen Rauschens bei der Rekonstruktion durch den Kaczmarz-Algorithmus sein.

Weiterhin erwies sich ein festes Wörterbuch, das auf ähnlichen Bildern wie den Testbildern gelernt wurde, als optimal. Verglichen wurde es mit einem Wörterbuch, das zusätzlich in jeder Iteration auf der aktuellen Schätzung des Bildes gelernt wurde, und einem festen DCT-Wörterbuch. Die Schlussfolgerung daraus ist, dass das Anpassen des Wörterbuchs bei Störungen wie in den durch den Kaczmarz-Algorithmus rekonstruierten Bildern nicht angebracht ist.

Mit den optimalen Einstellungen für Schwellwert und Wörterbuch waren die Ergebnisse der Entrauschung sehr gut. Bei vier verschiedenen Testbildern wurde bei einem SNR des Messvektors von 30 dB stets eine Verbesserung des PSNR gegenüber der Kaczmarz-Rekonstruktion erzielt. Bis auf ein Bild verbesserten sich auch alle Bilder im SSIM. Der optische Eindruck unterstreicht zudem die gewonnene Bildqualität. Störungen durch den Kaczmarz-Algorithmus beinhalten neue Inhomogenitäten, ausgefranste Ränder und Unterbrechungen von Gefäßen. Diese werden durch den vorgestellten Algorithmus zuverlässig reduziert. Lediglich Strukturen, die nach der Rekonstruktion durch den Kaczmarz-Algorithmus schon kaum zu erkennen waren, verschwanden nach Anwendung des Entrauschungsalgorithmus komplett aus dem Bild. Eine weitere Beobachtung ist die Stabilität des Algorithmus. So gibt es nach ca. 30 Iterationen kaum Schwankungen mehr in der Bildqualität. Auch bei höheren Rauschniveaus erzielt der Algorithmus eine ähnliche Verbesserung des PSNR, SSIM und des optischen Eindrucks bei unveränderter Stabilität. In dem Bereich werden auch von der Bildqualität her die besten Ergebnisse erzielt. Damit gestaltet sich die Wahl der Anzahl der Iterationen als sehr einfach. Bei einem SNR von 20 dB bleiben noch deutliche Störungen in Form von Unterbrechungen der Gefäße zurück. Es lässt sich also sagen, dass die Entrauschung sehr gut funktioniert, die mögliche Bildqualität aber durch die Kaczmarz-Rekonstruktion begrenzt ist.

Die Ergebnisse zeigen, dass das Lernen spärlicher Repräsentationen vielversprechend für den Einsatz in der MPI-Rekonstruktion ist. Dennoch könnte der Algorithmus in zukünftigen Arbeiten noch weiterentwickelt werden. Der Kaczmarz-Algorithmus verursacht bei einer verrauschten Messung teilweise Störungen, die durch den Entrauschungsalgorithmus nicht behoben werden können. Eine Untersuchung anderer Methoden für die initiale Schätzung birgt daher Potential zur Verbesserung. Da der Schritt zur Entrauschung hier als Nachbearbeitung durchgeführt wird, ist ein solcher Test nicht aufwendig. Das Verringern des Schwellwerts für den Repräsentationsfehler um eine feste Rate bringt gute und stabile Ergebnisse hervor. Die Stabilität liegt allerdings erst in den späteren Iterationen vor. Die Schwankungen in der Bildqualität in den anfänglichen Iterationen legen nahe, dass eine bessere Schätzung des verbleibenden Rauschens im Bild eine noch höhere Stabilität bewirken könnte. Da der Schwellwert auch in [15] schneller abfallen sollte als das tatsächliche Rauschen, wäre zumindest eine Verhinderung eines zu großen Schwellwerts wünschenswert. Ein in [11] vorgeschlagener Ansatz beruht darauf, zusätzlich zu den Bildausschnitten Informationen über die Umgebung eines Ausschnitts zu speichern. Er verspricht, auf Bildausschnitten arbeitende Methoden zu verbessern und könnte somit auch hier angewendet werden. Ein Test auf realen MPI-Bildern nach der Optimierung des Algorithmus würde zudem helfen, die Eignung der Methode abschließend zu beurteilen. Dabei könnte auch das Rauschmodell erweitert werden. Beispielsweise ist die zur Rekonstruktion verwendete Systemmatrix oft verrauscht.

Literaturverzeichnis

[1] Michal Aharon, Michael Elad und Alfred Bruckstein. „K-SVD: An algorithm for designing overcomplete dictionaries for sparse representation". In: *IEEE Transactions on Signal Processing* 54.11 (2006), S. 4311–4322.

[2] Yusra A Y Al-Najjar und Der Chen Soong. „Comparison of image quality assessment: PSNR, HVS, SSIM, UIQI". In: *International Journal of Scientific & Engineering Research* 3.8 (2012), S. 1.

[3] Kostadin Dabov, Alessandro Foi, Vladimir Katkovnik und Karen Egiazarian. „Image denoising by sparse 3-D transform-domain collaborative filtering". In: *IEEE Transactions on Image Processing* 16.8 (2007), S. 2080–2095.

[4] Michael Elad. *Sparse and redundant representations: from theory to applications in signal and image processing*. Springer Science & Business Media, 2010.

[5] Michael Elad und Michal Aharon. „Image denoising via sparse and redundant representations over learned dictionaries". In: *IEEE Transactions on Image Processing* 15.12 (2006), S. 3736–3745.

[6] Bernhard Gleich und Jürgen Weizenecker. „Tomographic imaging using the nonlinear response of magnetic particles". In: *Nature* 435.7046 (2005), S. 1214–1217.

[7] Tobias Knopp und Thorsten M Buzug. *Magnetic particle imaging: an introduction to imaging principles and scanner instrumentation*. Springer Science & Business Media, 2012.

[8] Julien Mairal, Francis Bach, Jean Ponce, Guillermo Sapiro und Andrew Zisserman. „Non-local sparse models for image restoration". In: *2009 IEEE 12th International Conference on Computer Vision*. IEEE. 2009, S. 2272–2279.

[9]   Alfred Mertins. *Signaltheorie. Grundlagen der Signalbeschreibung Filter-bänke Wavelets Zeit-Frequenz-Analyse Parameter-und Signalschätzung. 3., überarbeitete und erweiterte Auflage*. Wiesbaden: Springer Vieweg, 2013.

[10]   Jorge Nocedal und Stephen Wright. *Numerical optimization second edition*. Springer Series in Operations Research. Springer Science & Business Media, 2006.

[11]   Yaniv Romano und Michael Elad. „Con-Patch: When a Patch Meets its Context". In: *IEEE Transactions on Image Processing* 25.9 (2016), S. 3967–3978.

[12]   Ron Rubinstein, Michael Zibulevsky und Michael Elad. „Efficient implementation of the K-SVD algorithm using batch orthogonal matching pursuit". In: *Cs Technion* 40.8 (2008), S. 1–15.

[13]   Michael A Saunders. „Solution of sparse rectangular systems using LSQR and CRAIG". In: *BIT Numerical Mathematics* 35.4 (1995), S. 588–604.

[14]   Joes Staal, Michael D Abràmoff, Meindert Niemeijer, Max A Viergever und Bram Van Ginneken. „Ridge-based vessel segmentation in color images of the retina". In: *IEEE Transactions on Medical Imaging* 23.4 (2004), S. 501–509.

[15]   Jeremias Sulam und Michael Elad. „Expected patch log likelihood with a sparse prior". In: *International Workshop on Energy Minimization Methods in Computer Vision and Pattern Recognition*. Springer. 2015, S. 99–111.

[16]   Zhou Wang und Alan C Bovik. „A universal image quality index". In: *IEEE Signal Processing Letters* 9.3 (März 2002), S. 81–84.

[17]   Zhou Wang, Alan C Bovik, Hamid R Sheikh und Eero P Simoncelli. „Image quality assessment: from error visibility to structural similarity". In: *IEEE Transactions on Image Processing* 13.4 (2004), S. 600–612.

[18]   Jürgen Weizenecker, Jörn Borgert und Bernhard Gleich. „A simulation study on the resolution and sensitivity of magnetic particle imaging". In: *Physics in Medicine and Biology* 52.21 (2007), S. 6363.

[19]   Daniel Zoran und Yair Weiss. „From learning models of natural image patches to whole image restoration". In: *2011 IEEE International Conference on Computer Vision*. IEEE. 2011, S. 479–486.

Infinite Science
Publishing

www.ingramcontent.com/pod-product-compliance
Lightning Source LLC
LaVergne TN
LVHW080118070326
832902LV00015B/2661